スッキリわかる！
英語の
ニュアンス
大全
清水建二
イラスト
カワチ・レン
JN104748
三笠書房

ニュアンスの違いがわかると英語力が面白いほど伸びる！

「教える」という意味の英単語は何ですか？

この質問に、皆さんは何と答えますか。

おそらく、teachという英単語を真っ先に思い浮かべる方が多いのではないでしょうか。

もちろんteachで正解ですが、それだけでは不十分です。「teach＝教える」であっても、必ずしも「教える＝teach」ではないからです。

たとえば、「**英語を教えて**ください」は、**Teach me English.** ですが、「駅へ行く**道を教えて**ください」は、Teach me the way to the station.と言うことはできません。

teachは知識、学問、技術などを体系的に教えることであり、情報を相手に言葉で教えるという場合には、teachではなくtellを使います。tellは、「言う」という意味で覚えている方がほとんどだと思いますが、その本質は「相手に内容を言葉で伝えること」です。

さらに、言葉だけでなく**「地図を描いて教える」という場合**は、tellではなく**show**を使います。

どれも教えるの意味があるけど、ニュアンスは別！

このように、英語の基本単語は、単に「teach＝教える」、「tell＝言う」、「show＝見せる」という一語一義的な暗記をするのではなく、それぞれの言葉が持つ本質的なニュアンスを捉(とら)える必要があります。

早いうちにここをしっかりつかんでおくと、その後の英語力の伸びがグンと変わってきます。

しかし英語を学び直そうとしている皆さんは、特にこれら基本動詞の学習が、なおざりになりがちです。今さら、そんな簡単な英単語学習をすることに抵抗があるのかもしれませんね。でも、日本人の英会話力が思うように伸びない要因の一つが、ここにあると筆者は考えています。本質を押さえていないから応用が利かない、伸びないのです。

旅行中のちょっとしたやり取りなら、ご愛敬ですむでしょうが、何年も英語を勉強している学生やビジネスパーソンが、いつまでたっても英単語を使い分けられずにいたら、ちょっと残念ですね。

あるいは、言いたいことが的確に伝えられず、交渉などが失敗に終わってしまうこともあるでしょう。

恥をかかないくらいの日常英会話力や、グローバルな英語力を身につけたいと思うなら、もう一歩踏み込んだ、本物の知識を知っておきましょう。

これは、動詞に限らず、形容詞や名詞などにも言えます。

●ビルが「高い」はどっち？

「**高い**ビル」は、**“a high building”**とも**“a tall building”**とも言うことができますが、この二つには違いがあります。

前者は意識がビルの高い部分にのみ向けられているのに対して、後者は視線がビルの下から上へと垂直方向に動いています。ですから、高層ビルの展望台から周囲を眺めながら「高いビル」と言うときは、“a high building”となるわけです。

また、「供給」という英単語（名詞）には、**“provision”**と**“supply”**があります。両者の違いは、メジャーな英英辞典の*Longman Dictionary of Contemporary English*によれば、こうです。

provision : something that someone needs now or in the future

supply : an amount of something that is available to be used

“provision”は、「**pro（前を）+vide（見る）**」が語源で、将来を見据えて供給する、将来予測される不足を、あらかじめ補って供給していくというニュアンスがあります。

“supply”は、「**su（p）（下から）+ply（満たす）**」が語源であり、不足している部分を下から満たしていく、不足しているものを今使えるように供給する、というニュアンスがあります。

それぞれの動詞であるprovideとsupplyも同様です。

このように、語源に着目すると、単語の持つ本来の意味がイメージしやすくなり、日本語訳が似ている単語の区別が明確につきます。

●一度、理解したら、二度と忘れない学習法

本書では語源の解説に加え、全ての単語に、それぞれの単語の本質を示すイラストを添えました。

語源で左脳を刺激すると同時に、イラストで右脳を刺激することで、単語のイメージを右脳と左脳の両方から頭に焼きつけられます。これで、ちょっとやそっとでは忘れない、長期的な暗記が可能となります。

また、語源を知ることで、未知の単語の意味を推測することができるようになるのも、本書のメリットの一つです。

イラスト作成に当たっては、単語の語義が的確に、かつ興味深く表現されるように、イラストレーターのカワチレン氏と綿密な打ち合わせを何度も繰り返しました。

皆さんにとって単調になりがちな英単語学習が、楽しい学習になることを確信しております。

清水 建二

本書の使い方

似ている単語の最も一般的な日本語訳

この日本語を英語に訳す際には、いろいろな候補があることがわかる

見出し語の最も一般的な日本語訳

単語の基になる語源

成り立ちを知れば、意味も頭に入ってきやすくなる。巻末(P.394)の解説も見てみよう！

見出し語の発音記号

見出し語となる英単語

22 我慢する、耐える こはどれを使う？

bear

[béər]

語源 運ぶ、産む ☞bher＝運ぶ

動 ～に耐える、～を運ぶ、～を支える、～を産む

活用 bear-bore-born

形 unbearable 耐えられない

痛みや困難など不快なものに耐えること。主に書き言葉で使われる語

□ The pain was more than he could bear.
その痛みは、彼には耐えがたいものだった。

□ My toothache is unbearable.
歯の痛みには耐えられない。

不規則動詞の活用

原形－過去形－過去分詞形

その他の品詞の日本語訳

動詞や名詞、形容詞などの訳語

見出し語のイメージイラスト

ビジュアルで直感的に理解できる！

見出し語を使ったわかりやすい例文

実際の使い方がイメージできる

英文の日本語訳

英単語の持つ微妙なニュアンスを解説

詳しい説明で論理的に理解できる！

CONTENTS

PART 1 スッキリわかる！ 名詞のニュアンス大全

PART 2 スッキリわかる! 形容詞・副詞のニュアンス大全

PART 3 スッキリわかる！ 動詞のニュアンス大全

●イラスト カワチ・レン
●本文デザイン 株式会社ウエイド（土屋裕子）

スッキリわかる!

名詞のニュアンス大全

家、住居にはどれを使う？❶

home
[hóum]

語源 暮らす所

名 家、自宅、故郷、家庭

普段住んでいる「自宅」。食事をする、テレビを観る、睡眠を取るなど、何らかの心が休まる活動をする快適な場所。単なる建物ではなく「家庭」の意味もある

☐ **There is no place like home.**
我が家にまさる場所はない。

☐ **I'm home.**
ただいま。

house
[háus]

語源 住む所
☞(s)keu＝覆う、隠す

名 家、建物

「外界から身を隠す物」が原義。ドア・窓・柱・屋根・壁などの構成物の集合体としての家のことで、homeが持つ温かさは感じられない。戸建てが基本

☐ **She built her house at 40.**
彼女は40歳で家を建てた。

☐ **My house is located on the corner.**
私の家は角地にあります。

place
[pléɪs]

語源 平らな場所
☞pele＝平らな、広げる

名 場所、家、住居

「場所」を表すplaceは、「家」や「住居」の意味でも日常頻繁に使われる。その場合、家の形態は問わず、戸建てにもアパートにも使う

☐ **Why don't you come to my place tomorrow?**
明日、うちに来ない？

☐ **He has a nice place in the country.**
彼は田舎に素敵な家を持っている。

residence
[rézədəns]

語源 re（後ろに）＋sid（座る）
☞sed＝座る

名 住宅、邸宅
形 residential　住宅に適した

houseやhomeの格式ばった語。「大統領公邸(the official residence of the president)」のように、大きな住宅や邸宅を表す

☐ **The British Ambassador's residence is open to the public.**　イギリス大使公邸は一般公開されている。

☐ **Her house is in a rich residential area.**
彼女の家は高級住宅街にある。

mansion
[mǽnʃən]

語源 とどまる所

名 大邸宅、屋敷
名 manor house　マナーハウス、領主の大邸宅

中世ヨーロッパの封建制度における「荘園(manor)に建てられた大邸宅」が原義。基本、戸建てで、日本の「マンション」とは全く異なる

□ **I want to live in a mansion in Tokyo.**
東京の大邸宅に住みたい。

□ **I stayed at a manor house in Bath last year.**
昨年、バースのマナーハウスに宿泊した。

condominium
[kɑ̀ndəmíniəm]

語源 con（共に）+domin（家）+ium（場所）
☞dem＝家

名 分譲マンション、（マンションの）一室
名 condo　短縮形

多くの人たちが一緒に住む所

□ **I used to live in a condominium.**
私はかつてマンションに住んでいました。

□ **He bought a condo on the Gold Coast.**
彼はゴールドコースト沿いのマンションを買った。

apartment

[əpɑ́:rtmənt]

語源 a(〜のほうへ)+part(分ける)
☞part=分ける、一部

名 アパート、マンション

日本のアパートやマンションに相当するもので、建物全体を表す場合は、an apartment houseやan apartment buildingで表す

□ **I'm moving to a new apartment next month.**
私は来週、新しいアパートに引っ越します。

□ **There is a big apartment building near the station.**
駅の近くに大きなマンションがあります。

flat

[flǽt]

語源 平らな
☞pele=平らな、広げる

名 フラット、アパート、マンション
形 flat　平らな

イギリスのアパートやマンションのこと。go flatで、平らになる→「パンクする」となる

□ **I lived in a flat while I was in London.**
私はロンドンにいる間、アパートに住んでいた。

□ **A tire on my car went flat in the middle of the road.**
道路の真ん中で車のタイヤがパンクした。

02 運命、幸運にはどれを使う？

fate
[féɪt]

語源 fatum（神の言葉）
☞bha＝話す

名 運命、運、死
形 fatal　致命的な、取り返しのつかない

「神が定める運命」で、特に悪い運命というニュアンスがある

□ **He had to accept his fate.**
彼は自分の運命を受け入れなければならなかった。

□ **She made a fatal error.**
彼女は致命的な間違いをした。

destiny
[déstəni]

語源 de（下に）＋
stine（立つ）
☞sta＝立つ、ある

名 運命、宿命
形 destined　～の運命にある

「神の意のもとにあること」が原義。神によってあらかじめ決められた、避けることができない運命

□ **It was destiny that they met.**
彼らが出会ったのは運命だった。

□ **She was destined to be a doctor.**
彼女は医者になる運命だった。

fortune

[fɔ́ːrtʃən]

語源 fortuna（幸運）☞bher＝運ぶ

名 運命、幸運、財産
形 fortunate　幸運な

人生を変えるかもしれないような運

☐ **Diligence is the mother of good fortune.**
勤勉は幸運の母である。➡こつこつやっていれば成功につながる。

☐ **It was fortunate that I wasn't injured in the accident.**
その事故で私がケガをしなかったのは幸運だった。

luck

[lʌ́k]

語源 幸運、幸福

名 幸運、まぐれ当たり、ツキ
形 lucky　幸運な

日常生活で偶然にもたらされる幸運やツキ

☐ **He had good luck in finding a sponsor.**
彼は運よく、スポンサーを見つけることができた。

☐ **I was lucky to find the job.**
私は運よく、その仕事を見つけました。

03 海岸にはどれを使う？

語源 costa（あばら骨）

名 海岸（地帯）、沿岸（地方）
動 滑走する

気候や地図から見た、ある広い地域の海岸や沿岸。主に陸地から見た海岸線

☐ **We enjoyed driving along the coast.**
私たちは海岸沿いのドライブを楽しんだ。

☐ **The island is about one kilometer off the coast.**
その島は約１キロ沖にある。

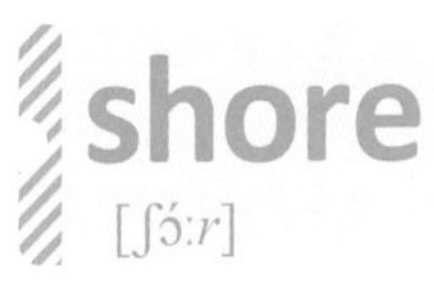

語源 水に洗い流された陸
☞sker＝切る

名 海岸、川岸、湖畔

主に海から見た沿岸

☐ **Our boat is getting close to the shore.**
私たちの船は海岸に近づいている。

☐ **We are about one mile off shore.**
私たちは約１マイル沖にいる。

beach
[bíːtʃ]

語源 波に削られた小石

名 砂浜、浜辺、海岸、ビーチ

満潮時から干潮時までの海沿いの砂や、小石に覆われた部分

☐ **We spent half a day on the beach.**
私たちは砂浜で半日を過ごした。

☐ **Let's walk along the beach.**
砂浜を散歩しよう。

seaside
[síːsàɪd]

語源 sea（海）＋side（側）

名 海岸

イギリスで使用する場合は、主にホテルやレストラン、店などが立ち並ぶ、観光地や保養地としての海岸

☐ **They had lunch at a seaside restaurant.**
彼らは海岸のレストランで昼食を取った。

☐ **He has a cottage by the seaside.**
彼は海岸沿いに小さな別荘を持っている。

04 会議、会合にはどれを使う？

meeting

[mí:tɪŋ]

語源 meet（偶然会う）

名 会議、会合、出会い
動 meet　（〜に）会う

クラブのちょっとした「会合」から国家の首脳クラスの「会議」まで。規模や公私を問わない

☐ **We have a meeting every Friday morning.**
毎週金曜日の午前中に会議がある。

☐ **Where should we meet?**
どこで会いましょうか。

gathering

[gǽðəriŋ]

語源 gather（一緒になる）

名 集会、集まり

娯楽や共通の趣味のために自然発生的に生じた、ある地域の人たちの集まり

☐ **I see my uncle at occasional family gatherings.**
叔父には、たまに家族が集まった時に会います。

☐ **There was a social gathering at the church last night.**
昨夜、教会で社交的な集まりがあった。

conference

[kɑ́ːnfərəns]

語源 con（共に）＋
fer（運ぶ）
☞bher＝運ぶ

名 会議
動 confer　相談する

比較的大規模で重要な問題を取り上げる、改まった場面で行なう会議や協議会

☐ **The Prime Minister went to America to attend a conference.** 首相は会議に出席するためにアメリカに行った。

☐ **You need to confer with a lawyer.**
あなたは弁護士に相談する必要があります。

assembly

[əsémbli]

語源 as（～のほうへ）＋
semble（同じ）

名 集会、会合
動 assemble　集まる、～を集める、～を組み立てる

同じ目的を持った人たちの集会

☐ **We have a school assembly every Monday morning.**
毎週月曜日の朝に全校集会がある。

☐ **A large crowd assembled in the square.**
大群衆が広場に集まった。

05 会社にはどれを使う？

office

[ɑ́:fəs]

語源 of(仕事)＋fice(する)
☞facere＝する、作る

名 事務所、会社、職
形 official　公式の、正式な

仕事をする「場所」に焦点がある語

□ **My office is in a skyscraper of Tokyo.**
私の事務所は東京の超高層ビルにあります。

□ **The official language of Brazil is Portuguese.**
ブラジルの公用語はポルトガル語です。

company

[kʌ́mpəni]

語源 com(共に)＋pan(パン)
☞pa＝エサを与える

名 会社、仲間、同席すること

「生計を共にする人」が原義。仕事上の共通の目的で一緒に働く人々の集団で、場所を表す言葉ではない

□ **She works for a publishing company.**
彼女は出版社に勤めている。

□ **I enjoyed her company.**
彼女と同席できて楽しかった。

corporation

[kɔ̀ːrpəréɪʃən]

語源 corpo（体）

名 大企業、（大規模な）株式会社、法人
形 corporate　企業の、法人の

「体になったもの」が原義。多くの部門がある大企業や大会社、法人

□ **There are many multinational corporations in London.**
ロンドンには多くの多国籍企業がある。

□ **I don't know how to buy corporate bonds.**
社債の買い方がわかりません。

workplace

[wə́ːrkpleɪs]

語源 work（仕事）＋place（場所）

名 仕事場、職場

事務所、工場など働く場所を表す語。仕事場が自宅の場合もある

□ **I'm looking for a new workplace.**
新しい職場を探しています。

□ **Workplace conditions are getting better.**
職場環境はよくなっている。

06 会話、おしゃべりにはどれを使う？

conversation

[kɑ̀ːnvərséɪʃən]

語源 con（共に）＋
vers（向く）

名 会話、おしゃべり
動 converse　会話する

お互いに向き合って話をすること。打ち解けた場面での「言葉のやり取り」に焦点がある。改まった集会やパーティーなど、2人以上の間で交わされる会話にも使われる

□ **I had a phone conversation with her.**
彼女と電話で会話をした。

□ **They conversed briefly on the phone.**
彼らは電話で手短に会話した。

dialogue

[dáɪəlɔ̀ːg]

語源 dia（間で）＋
logue（話す）
☞leg＝集める、選ぶ
→話す

名 対話、会話、意見交換

「２者間の会話」が原義。改まった場面で交わされる意見交換や対話。特に小説や劇中では「会話」の意味で使われる

□ **This novel is made up of dialogue.**
この小説は会話で構成されている。

□ **I had a long dialogue with the coach.**
私はコーチと長い会話をした。

語源 鳥のさえずり、甲高い声

名 おしゃべり
動 早口で雑談する

たわいもないことを早口でぺちゃくちゃ、べらべらしゃべること。やかましいという非難めいたニュアンスがある

☐ **I'm sick of her constant chatter.**
彼女のまくしたてるおしゃべりにはうんざりです。

☐ **Stop chattering and finish your work.**
おしゃべりはやめて仕事を終わらせなさい。

語源 chatterのterが取れたもの

名 おしゃべり、歓談
動 おしゃべりする、歓談する

親子や友だち同士の間で交わされる、些細なことについてのたわいもないおしゃべり。親しみやすいというポジティブなニュアンスがある

☐ **I had a pleasant chat with Susan.**
スーザンと楽しくおしゃべりをした。

☐ **I chatted with my friends over coffee.**
私はコーヒーを飲みながら友だちとおしゃべりした。

07 感情、感覚にはどれを使う？

feeling
[fíːlɪŋ]

語源 手で触れる

名 感じ、(複数形で)感情・気持ち、感想
動 feel　感じる、～の手触りがする

手で触れて感じることが原義。主に理性に対する「感情」

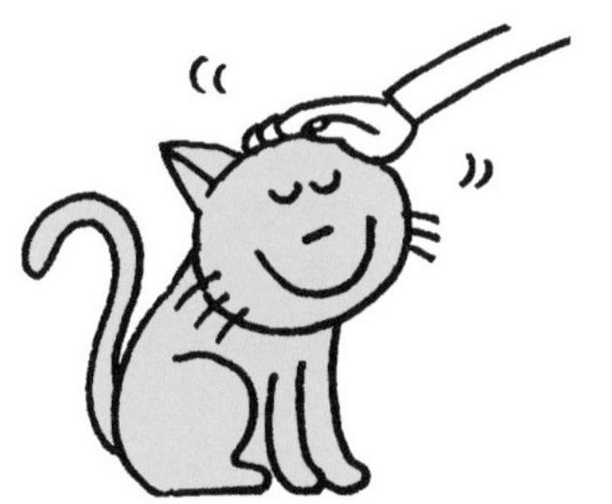

□ **I didn't mean to hurt your feelings.**
あなたの感情を傷つけるつもりはありませんでした。

□ **This paper feels rough.**
この紙はざらざらする感触だ。

emotion
[ɪmóuʃən]

語源 e(外へ)＋mot(動く)
☞ movere＝動く

名 情緒、感情
形 emotional　感情的な、感動的な

態度に表れた激しい感情

□ **He couldn't control his emotions.**
彼は感情をコントロールできなかった。

□ **She gave an emotional speech.**
彼女は感動的なスピーチをした。

passion

[pǽʃən]

語源 pas（苦しむ）

名 （激しい）感情、情熱
形 passionate　情熱的な、熱のこもった

愛情・憎しみ・怒りなどの激しい感情や夢中になること

☐ **She has a passion for tennis.**
彼女はテニスに夢中だ。

☐ **He gave a passionate speech.**
彼は熱のこもったスピーチをした。

sensation

[senséɪʃən]

語源 sense（感じる）

名 感じ、感覚、大騒ぎ
形 sensational　世間をあっと言わせる、すばらしい

五感による感覚や、体感

☐ **Do you have any sensation in your right leg?**
右脚に感覚はありますか。

☐ **The project was a sensational success.**
その計画はすばらしい成功だった。

08 危険にはどれを使う？

語源 領主の権力（領主に絶対服従しなければならない農奴（のうど）にとって、時に命にかかわることから）

名 （生命を脅かす）危険、危険性
形 dangerous　危険な

最も一般的な意味での「危険」。用心すれば回避できるというニュアンスがある。道路標識によく使用される

□ **The panda is in danger of extinction.**
パンダは絶滅の危機にある。

□ **The tiger is a dangerous animal.**
トラは危険な動物だ。

語源 試すこと
☞per＝先に、導く

名 危険、危機
形 perilous　危険な

用心しても回避できない差し迫った重大な危険。旅など移動に伴う危険

□ **I felt that my life was in peril.**
私は命が危ないと感じた。

□ **He made a perilous journey across the desert.**
彼は砂漠を横断する危険な旅をした。

risk

[rísk]

語源 危険にぶつかる

名 危険、冒険
動 〜を危険にさらす
形 risky　危険な、冒険的な

自ら背負い込む危険

☐ **He saved the child at the risk of his own life.**
彼は命の危険を冒してその子を救った。

☐ **She is running a risky business.**
彼女は冒険的な事業を行なっている。

hazard

[hǽzərd]

語源 さいころの目から

名 危険、偶然
形 hazardous　危険な、有害な

安全や健康などが侵される危険、偶然性の高い危険

☐ **It's a hazard working at that height.**
そんな高い所で働くのは危険だ。

☐ **These substances are hazardous to health.**
これらの物質は健康に有害だ。

09 客にはどれを使う？❶

guest
[gést]

語源 見知らぬ人

名 （招待された）客、宿泊客

見知らぬ旅行者を自宅に泊める、かつてのヨーロッパの習慣に由来。家の招待客、ホテルの宿泊客

☐ **We'll have guests tonight.**
今夜、お客さんが来ます。

☐ **The pool is open to hotel guests only.**
プールはホテルの宿泊者にのみ開放されている。

customer
[kʌ́stəmər]

語源 自分のものにすること

名 （商売上の）客、顧客、常連

「習慣的に利用する人」が原義。商店やレストランの客

☐ **The customer is always right.**
客はいつも正しい➡お客様は神様です。

☐ **She is one of our regular customers.**
彼女は常連客の一人です。

visitor
[vízətər]

語源 vis(見る)+it(行く)+or(人)
☞videre=見る→weid=見る、見える
☞it=行く

名 訪問客、観光客
動 visit　訪れる、滞在する

催し物・病院・会社・観光地などの訪問客

☐ **This lake attracts many visitors from China.**
この湖は、中国からの多くの観光客を引き寄せる。

☐ **Many tourists visit this island every day.**
毎日たくさんの観光客がこの島を訪れる。

client
[kláɪənt]

語源 cli(傾く)+ent(人)=忠告に従う人
☞klei=傾く

名 (専門職への)依頼人、顧客

「頼る人」が原義。弁護士・税理士・会計士・デザイナーなどの専門職に助言を求める人

☐ **That accountant has many clients.**
その会計士には顧客が多い。

☐ **She is out to lunch with her client.**
彼女は顧客と昼食に出ています。

09 客にはどれを使う？❷

spectator

[spékteɪtər]

語源 spectacle（光景）
☞spek＝見る、観察する

名（スポーツや催し物の）観客、観衆、見物人

名 spectacle　すばらしい光景、見世物、（複数形で）メガネ

「見る人」が原義。スポーツや催し物を見る人

☐ **This stadium accommodates 5,000 spectators.**
このスタジアムは5,000人を収容する。

☐ **It was such a spectacle.**
それはとてもすばらしい光景だった。

audience

[ɔ́:diəns]

語源 audi（聴く）
☞au＝感じる

名 聴衆、観衆

「聴くこと」が原義。コンサートなどの聴衆やテレビの視聴者、ラジオの聴取者

☐ **How are audience ratings measured?**
視聴率はどうやって測るのだろう。

☐ **There was only a small audience at the concert.**
コンサートには聴衆は少ししかいなかった。

語源 pass（通過する）人

名 乗客
名 passage　通路、通過、一節

「通過する人」が原義。乗り物の乗客

□ **All the passengers survived the accident.**
乗客は全員無事だった。

□ **They escaped through an underground passage.**
彼らは地下通路を通って脱出した。

語源 tour（回る→旅行）＋ist（人）

名 観光客、旅行者

周遊旅行をする人

□ **Where is the tourist information center?**
旅行案内所はどこですか。

□ **This city depends on the tourist industry.**
この都市は観光業に依存している。

10 境界、縁にはどれを使う？

edge
[édʒ]

語源 尖った先端
☞ak＝鋭い、尖った

名 端、縁、瀬戸際、危機

ナイフや刀の先端、中心から最も遠い所、ある物体の外側の淵（ふち）

☐ **Be careful with the sharp edge of the knife.**
ナイフのとがった先端に気をつけて。

☐ **There are many birds on the water's edge.**
水際に鳥がたくさんいる。

border
[bɔ́ːrdər]

語源 船の横板、へり

名 境界（線）、国境（線）

「縁」そのものを表すedgeに対して、それに接する周辺部分を含めた境界

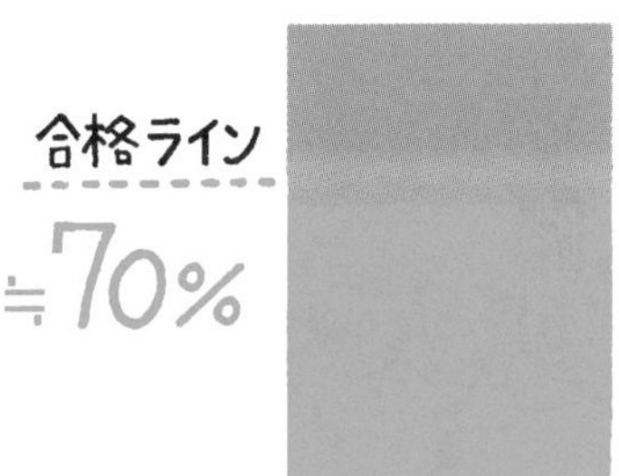

☐ **The forest lies on the border of the two countries.**
その森林は２カ国の国境線にある。

☐ **We camped on the border of the lake.**
私たちは湖の畔（ほとり）でキャンプをした。

brink

[bríŋk]

語源 険しい崖

名 (断崖絶壁の)縁・端、(破たんの)瀬戸際

高い所と低い所が急に分かれている場所。大災害や困難の瀬戸際

☐ **The company is on the brink of bankruptcy.**
その会社は倒産の瀬戸際にある。

☐ **Someone is on the brink of the cliff.**
誰かが絶壁の端にいる。

verge

[vəːrdʒ]

語源 小枝

名 (場所の)縁・端、(行為や状態の)間際

場所の端。状態の良し悪しを問わず、急変の瀬戸際

☐ **We set up camp on the verge of the village.**
私たちは村の端でテントを張った。

☐ **The tradition is on the verge of extinction.**
伝統は絶滅寸前です。

11 恐怖にはどれを使う？

horror
[hɔ́:rər]

語源 身の毛がよだつこと

名 恐怖、憎悪、嫌悪
形 horrible　ひどく嫌な、恐ろしい

身の毛がよだつほど、ぞっとする憎悪感を伴う恐怖

- ☐ **I hate horror movies.**
  ホラー映画は大嫌いです。
- ☐ **That food smells horrible.**
  その食べ物は嫌なにおいがする。

terror
[térər]

語源 震えること

名 恐怖、テロ（行為）
形 terrible　ひどい、ぞっとする

テロリスト(terrorist)に遭遇したかのように身がすくむ、長時間に及ぶ激しい恐怖

- ☐ **She screamed in terror.**
  彼女は恐怖のあまり叫んだ。
- ☐ **The restaurant was terrible.**
  そのレストランはひどかった。

fear

[fíər]

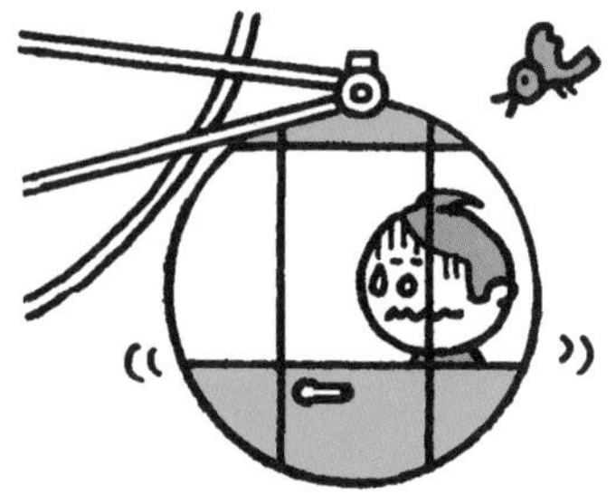

語源 危険を冒すこと ☞per＝先に、導く

名 恐怖(感)、不安
動 恐れる、心配する
形 fearful　恐れる、心配する

最も一般的な意味での恐れを表す語。危険や脅迫などによる比較的長時間の恐れ

☐ **He has a fear of heights.**
彼は高所恐怖症です。

☐ **I'm fearful of driving on the freeway.**
私は高速道路を運転するのが怖い。

fright

[fráɪt]

語源 怖がること、恐ろしい光景

名 恐怖、驚き
動 frighten　～をぎょっとさせる

突然に襲いかかる一時的な激しい恐怖や驚きを表す

☐ **The sheep ran away in fright.**
ヒツジたちはびっくりして逃げた。

☐ **I'm frightened of snakes.**
ヘビを見るとぎょっとする。

12 国にはどれを使う？

country
[kʌ́ntri]

語源 counter（反対に）

名 国、田舎、土地
名 countryside　田舎、田園地方

「向こう側にある土地」が原義。地理的な意味での国や田舎

☐ **Does it snow in your country?**
あなたの国では雪は降りますか。

☐ **I'd like to live in the countryside after retirement.**
退職後は田舎で暮らしたい。

nation
[néɪʃən]

語源 生まれ

名 国、国家、国民
形 national　国家の、国民の

共通の言語・文化・歴史を持つ人々が集まった、民族としての国

☐ **Singapore is one of the richest nations in the world.**
シンガポールは世界で最も豊かな国の一つである。

☐ **GNP stands for Gross National Product.**
GNPは国民総生産を表す。

語源 立っている状態
☞sta=立つ、ある

名 国、国家、州、状態
動 はっきり述べる

統治形態を表す語で、政治的な概念としての国家や、主権を持った国家

☐ **North Korea is a socialist state.**
北朝鮮は社会主義国家である。

☐ **State your name and age.**
名前と年齢を言いなさい。

語源 陸

名 国、国土、陸、土地
動 着陸する、着陸させる

地理的な意味での国ではcountryと同じだが、主に「海(ocean)」に対して使われる

☐ **Japan was known as the land of the rising sun.**
日本は日が昇る国として知られていた。

☐ **The plane landed on schedule.**
飛行機は定刻通りに着陸した。

13 軍隊にはどれを使う？

語源 arm（武器）
☞ar＝つなぎ合わせる

名 軍隊、陸軍、武器（arms）、腕
動 arm　～を武装させる

武器を持った集団

☐ **He joined the army at age 18.**
彼は18歳で軍隊に入った。

☐ **He was armed with a gun.**
彼は銃で武装していた。

語源 nav（船）

名 海軍
形 naval　海軍の
動 navigate　航海する

船の集団。ネイビーブルー（Navy blue）は英国海軍の制服の色が濃紺色であったことから

☐ **He refused to join the navy.**
彼は海軍への入隊を拒否した。

☐ **He was wearing a navy blue jacket.**
彼はネイビーブルーの上着を着ていた。

語源 強い、高い

名 軍隊、軍事力、兵力、暴力
動 強制する

陸軍・海軍・空軍を総称した意味での「軍隊」。多義語なので、「軍隊」を明確に表す時はmilitary forcesとする

☐ **Government forces suppressed the riots.**
政府軍はその暴動を鎮圧した。

☐ **The typhoon forced us to call off the game.**
私たちは台風で試合を中止せざるを得なかった。

語源 人の群れ

名 (複数形で) 軍隊、兵士たち、群れ

軍隊を構成する人々

☐ **Over 75,000 troops were stationed in Korea.**
75,000以上の兵士が、韓国に配置された。

☐ **There is a troop of monkeys on the tree.**
木にサルの群れがいる。

14 結果にはどれを使う？

語源 re（後ろに）＋ sult（跳ぶ）

名 （行動、出来事の最終的な）結果
動 結果として生じる、結果になる、終わる

「跳ね返ってきたもの」が原義。二つの出来事に、漠然としたつながりがあることを示す

□ **Tell me the results of the game.**
その試合の結果を教えてください。

□ **The accident resulted from his carelessness.**
事故は彼の不注意が原因で起こった。

語源 out（外に）＋ come（来る）

名 （なりゆきが気になる）結果

なりゆきが気になるが、予測しにくい最終結果

□ **We can't predict the outcome of the election.**
選挙の結果を予測することはできない。

□ **Let me know the outcome of the game.**
試合の結果を知らせてください。

consequence

[kɑ́:nsəkwèns]

語源 con(共に)＋sequ(続く)
☞sekw＝続く

名 (必然的な)結果、なりゆき、影響
副 consequently その結果

ある出来事から生じた必然的な結果、防げた可能性のある悪い結果

☐ **We had to accept the consequences.**
私たちはその結果を受け入れなければならなかった。

☐ **The traffic was heavy and consequently I was late.**
交通が渋滞して、その結果、私は遅刻した。

effect

[əfékt]

語源 ef(外で)＋fect(作る)
☞facere＝する、作る

名 (原因による直接的な)結果、効果、影響
形 effective 効果的な

他の物事に働きかけることによって生じた直接的な結果。客観性があることを示唆する

☐ **You need to study the causes and effects of the accident.**
あなたは、その事故の原因と結果を調査しなければならない。

☐ **The vaccine is no longer effective.**
ワクチンはもう効いていない。

15 障害にはどれを使う？

obstacle

[á:bstəkl]

語源 ob（向かって）＋sta（立つ）
☞sta＝立つ、ある

名 障害（物）

進行方向に立ちはだかる障害や邪魔になる物。取り除くか回り道をしないと通れない、というニュアンスがある

☐ **There were fallen trees and other obstacles on the road.**
道路には倒木や、その他の障害物があった。

☐ **Money seems to be an obstacle.**
お金が障害のようだ。

barrier

[bǽriər]

語源 横木（bar）で作った柵

名 障害、妨げ、防壁
形 barrier-free　段差のない、バリアフリーの

バリケードのように、進入を防ぐための防壁や柵が第一義。規則や制度による障壁や妨げを表し、必ずしも通れないものではない

☐ **It is difficult to get over the language barrier.**
言語の壁を乗り越えるのは難しい。

☐ **This is a barrier-free house.**
これはバリアフリーの家です。

hurdle

[hə́ːrdl]

語源 小枝を絡め合わせて作った一時的な障害物

名 障害、困難、ハードル
動 ～を跳び越える、～を乗り越える

clear a hurdle（ハードルを跳び越える）のように、目標を達成するために「乗り越えなければならない物事」で、乗り越えた結果、成功を得られることを示唆する

☐ **The shortage of water will be the next hurdle to overcome.** 水不足が、次に乗り越えなければならない障害だ。

☐ **The horse hurdled the fence.**
その馬は柵を跳び越えた。

impediment

[ɪmpédəmənt]

語源 im（中に）+ped（足）

名 障害、妨害物、身体障がい
動 impede　～を遅らせる、～を邪魔する

古代ローマ時代、奴隷に足かせをしたことに由来し、身体上の障がいに焦点がある

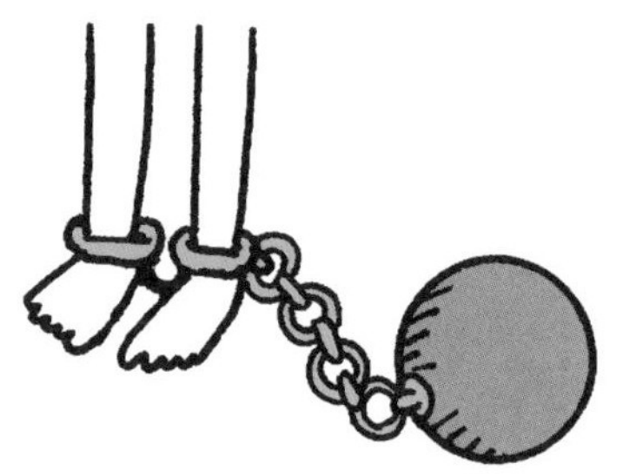

☐ **He has an impediment in his speech.**
彼は発話に障がいがある。

☐ **The muddy roads impeded their journey.**
泥道が彼らの旅を遅らせた。

16 財産にはどれを使う？

語源 weal（幸せ）＋ th（名詞に）

名 富、財産
形 wealthy　富裕な、裕福な

生活を豊かにする物やお金を、個人や集団がたくさん所有または蓄積している状態

☐ **Health is above wealth.**
健康は財産よりまさる。

☐ **He comes from a wealthy family.**
彼は裕福な家の生まれだ。

語源 e（外に）＋ state（立つ）
☞sta＝立つ、ある

名 地所、土地、財産（権）

「外に立っている物」が原義。田舎にある邸宅を含めた地所や、故人の遺産

☐ **She left her entire estate to her children.**
彼女は全財産を子供に遺した。

☐ **She is a real estate agent.**
彼女は不動産業者だ。

property

[prá:pərti]

語源 proper（自分の）
☞per＝先に、導く

名 財産、所有物、不動産、特性

「自分の物」が原義。個人または集団が法的に獲得、所有した物

☐ **The district is preserved as a national property.**
その地域は国有財産として保護されている。

☐ **He is a man of property.**
彼は財産家だ。

asset

[ǽset]

語源 as（～のほうへ）＋
set（満たす）

名 財産、資産、貴重な物

破産や遺産相続で生じる支払いに充てる「資産」や、個人や集団の「資産」。「宝」のように貴重な物や人を表すこともできる

☐ **He is a great asset to the company.**
彼は会社にとって非常に貴重な存在だ。

☐ **The company has 1,000,000 dollars in assets.**
その会社は100万ドルの資産がある。

17 刺激にはどれを使う？

語源 棒でつつくこと
☞steig＝刺す

名 刺激
動 stimulate　～を刺激する

棒でつついて刺激することが原義で、行動力が成長を促す原因となるもの

☐ **The project will be a stimulus for the country's economy.**　その計画は国の景気への刺激となるだろう。

☐ **This book stimulated my interest in European history.**
この本は私のヨーロッパ史への興味を刺激した。

語源 in（上に）＋
sting（刺す）
☞steig＝刺す

名 本能
形 instinctive　本能的な

「突き刺すもの」が原義。人や動物を刺激するもので、自然な行為を促すもの

☐ **Birds learn to fly by instinct.**
鳥は本能で飛ぶようになる。

☐ **His instinctive reaction was to get out of the house.**
彼の本能的な反応は、家を出ることだった。

incentive

[ɪnséntɪv]

語源 in（中へ）＋
cent（歌う）＋
ive（誘発する）

名 刺激、動機、励み

励ましの歌を歌い誘発することが原義で、仕事や勉強などをする際に励みとなるもの

☐ **There is no incentive to work hard.**
一生懸命働く励みがない。

☐ **This bonus will be an incentive for the employees.**
このボーナスは従業員にとって励みとなるだろう。

motive

[móutɪv]

語源 mot（動く）＋
ive（誘発する）
☞movere＝動く

名 動機、誘因
動 motivate　動機を与える、意欲を起こさせる

動きを誘発するもの。物事を行なう理由

☐ **He has no motive for killing his brother.**
彼には弟を殺害する動機がない。

☐ **That motivated her to become a doctor.**
それで彼女は医者になろうと思った。

18 事件にはどれを使う？

event
[ɪvént]

語源 e（外に）＋
vent（来る）
☞venire＝来る

名 出来事、事件、行事
副 eventually　結局は、やっと

注目に値する重大で興味深い出来事や大事件、季節ごとの行事や学校行事などのさまざまな行事

☐ **Our school has many events.**
私たちの学校には行事がたくさんある。

☐ **She eventually became the president of the company.**
彼女はやっとその会社の社長になった。

incident
[ínsədənt]

語源 in（上に）＋
cid（落ちる）
☞kad＝落ちる

名 事件、出来事、紛争
副 incidentally　ところで、偶然に

犯罪や攻撃などの深刻な事件や、重大事を招くような国家間の事変や紛争。ある出来事に付随して起こることが多い

☐ **There was a shooting incident at a high school in America.**　アメリカの高校で発砲事件があった。

☐ **Incidentally, where are you from?**
ところで、ご出身はどちらですか。

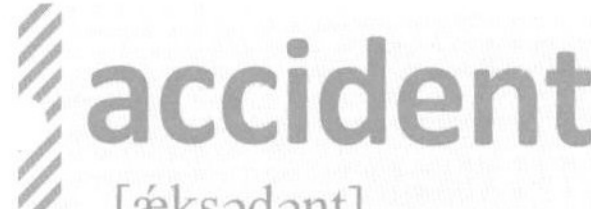

accident

[ǽksədənt]

語源 ac(〜のほうへ)+cid(落ちる)
☞kad=落ちる

名 事故、偶然
副 accidentally　偶然に、誤って

身体に危害を及ぼすような、想定外の不快な出来事、偶発的な出来事

☐ **Many passengers died in the accident.**
その事故で多くの乗客が亡くなった。

☐ **I accidentally dropped the glass.**
誤ってコップを落としてしまった。

occurrence

[əkə́ːrəns]

語源 oc(向かって)+cur(走る)
☞kers=走る

名 出来事、事件、発生
動 occur　生じる、起こる

テレビ放送や公共のイベントなど改まった場面で使われる語

☐ **Divorce is still a rare occurrence in this country.**
離婚はこの国では依然として希な出来事です。

☐ **The earthquake occurred at noon.**
地震は正午に起こった。

19 仕事にはどれを使う？

語源 するべきこと

名 (広い意味でするべき) 仕事、作業、労働、職場
動 働く、機能する

広い意味では「するべき仕事」。狭い意味では「時間を定められたフル雇用の仕事」。抽象名詞扱いなので、a workとかworksなどと言うことはできない

□ **Why don't we go for a drink after work?**
仕事が終わったら飲みに行かない？

□ **This machine won't work.**
この機械は動かない。

語源 なされるべきこと

名 仕事、役目、職務

自発的にするのではない与えられた仕事、具体的な一つひとつの仕事、雇用の期間や技術の有無を問わない仕事

□ **It's a temporary job.**
それは派遣の仕事です。

□ **It's my job to wash the dishes after dinner.**
夕食後の皿洗いは私の仕事です。

labor
[léɪbər]

語源 骨折り、苦痛

名 (骨の折れる)仕事、(きつい)労働
名 laborer　肉体労働者

骨の折れる、きつい仕事や労働

☐ **I hate manual labor.**
私は肉体労働は嫌です。

☐ **He is a daily laborer.**
彼は日雇いの労働者だ。

task
[tǽsk]

語源 租税(tax)
☞tag=触れる

名 仕事、任務

税金の代わりに強制的に課せられた、つらい仕事が原義で、評価の対象となるもの

☐ **This task will take at least one year to complete.**
この任務を完了させるには、最低でも1年はかかるだろう。

☐ **This is no easy task.**
これは簡単な仕事ではない。

20 習慣、慣習にはどれを使う？

habit
[hǽbɪt]

語源 身につけた行為
☞ghabh＝与える、授かる

名 習慣、癖
形 habitual　いつもの、癖になった

ほぼ無意識に繰り返される個人の習慣

□ **I'm in the habit of going to bed early.**
私は早寝をするのが習慣です。

□ **My drinking has become habitual.**
私の飲酒は癖になってしまった。

custom
[kʌ́stəm]

語源 自分のもの

名 習慣、慣例　（複数形で）関税
形 customary　習慣的な、いつもの

個人の習慣、および、社会的・文化的に繰り返される習慣や慣習

□ **It is not the custom to tip in Japan.**
日本にはチップの慣例はない。

□ **She took her customary seat.**
彼女はいつもの席に着いた。

rule
[rúːl]

語源 まっすぐな棒
☞reg＝まっすぐに、導く

名 習慣、規則、支配
動 ～を支配する

個人が賢明であると考えて、規則的に行なうこと

☐ **I make it a rule to keep early hours.**
私は早寝早起きをすることにしている。

☐ **The country is ruled by a tyrant.**
その国は暴君に支配されている。

convention
[kənvénʃən]

語源 con（共に）＋vent（来る）
☞venire＝来る

名 慣習、慣例、しきたり、（政治・宗教上の）集会
形 conventional 慣例的な、型にはまった

社会・芸術などの伝統的な慣習

☐ **It is a convention to wear black to a funeral.**
葬儀では黒い服を着るのが慣例です。

☐ **It is conventional to mention place before time in English.** 英語では時間の前に場所を示すのが慣例だ。

21 趣味にはどれを使う？

hobby
[hɑ́ːbi]

語源 棒馬

名 趣味、道楽

長い棒の先に馬の頭がついた、またがって遊ぶ玩具の棒馬に由来する語。室内でする模型作り、切手収集、花の栽培など、ある程度の知識や技術を要する趣味や活動のこと

□ **Do you have any hobbies?**
何か趣味はありますか。

□ **My hobby is gardening.**
私の趣味はガーデニングです。

pastime
[pǽstàɪm]

語源 pass（過ごす）＋time（時間）

名 気晴らし、趣味、娯楽

「暇な時間を楽しく過ごす」が原義。誰もが気軽にできる気晴らしや娯楽

□ **What is your favorite pastime?**
好きな気晴らしは何ですか。

□ **My pastime is reading mysteries.**
私の趣味は推理小説を読むことです。

recreation

[rèkriéɪʃən]

語源 re(再び)+
create(創造する)
☞ker=成長する

名 気晴らし、レクリエーション

「元気を回復させる娯楽や楽しみ」が原義。楽しい息抜きや、ゆるい運動というニュアンスがあり、一人でするhobbyに対して、グループですることに焦点がある

☐ **What do you do for recreation?**
気晴らしに何をしますか。

☐ **Her favorite recreations are camping and fishing.**
彼女の好きな息抜きはキャンプと釣りです。

avocation

[æ̀vəkéɪʃən]

語源 a(～のほうへ)+
vocation(職業)
☞vocare=呼ぶ

名 趣味、副業

プライベートタイムの大部分を費やし、文化的および社会的に価値のある趣味。報酬を伴う場合は「副業」の意味になる

☐ **Cooking is his avocation.**
料理は彼の趣味です。

☐ **I breed dogs as an avocation.**
私は副業としてイヌのブリーダーをしています。

22 状況、環境にはどれを使う？

circumstance

[sə́ːrkərmstæ̀ns]

語源 circum（周囲に）＋ stance（立つこと）
☞sta＝立つ、ある

名 （複数形で）状況、出来事

人やものを取り巻く周囲の状態。人の行動を制約したり影響を与えたりする状況のこと。人の力ではどうにもできない、というニュアンスがある

□ **It depends on the circumstances.**
その時の状況によります。

□ **Under no circumstances should you tell anyone.**
どんなことがあっても誰にも言ってはいけません。

situation

[sìtʃuéɪʃən]

語源 sit（座る）
☞sed＝座る

名 状況、事態、立場、位置
形 situated　～にある

「住むこと、落ち着くこと」が原義。ある特定の時間と場所で起こっている状況に焦点があり、一時的で変わりやすい状況や状態を指す

□ **The situation is getting worse.**
事態は悪化している。

□ **My house is situated near the factory.**
私の家は工場の近くにある。

environment

[ɪnváɪərnmənt]

語源 en(中に)＋
viron(回る、囲む)

名 (自然)環境
形 environmental　環境の

「中を囲まれた状態」が原義。「社会環境」や「自然環境」など、社会や生活に何らかの影響を与える文化的・精神的な環境。改善や保護の必要があることを示唆する

☐ **The environment in this city is polluted.**
この都市の環境は汚染されている。

☐ **She gave a lecture on environmental problems.**
彼女は環境問題に関する講義をした。

surrounding

[səráundɪŋ]

語源 sur(上に)＋
round(波立つ)

名 (複数形で)環境、周辺地域
動 surround　囲む

「上から波をかぶること」が原義。人や場所を取り巻く地理的・物理的な「環境」。environmentに比べると変化しやすく、人やものを取り巻く一時的な環境を表す

☐ **I want to bring up my children in nice surroundings.**
私は子供たちをよい環境で育てたい。

☐ **The village is surrounded by mountains.**
その村は山に囲まれている。

23 職業にはどれを使う？

occupation

[àːkjəpéɪʃən]

語源 occupy（占める）
☞kap＝つかむ

名（改まった場面で使われる本業の意味での）職業
動 occupy　～を占める

「一日の大部分の時間を占めること」が原義。履歴書の職業欄や、改まった場面では「本業」の意味で使われる

☐ **Please state your name, address, and occupation.**
名前と住所と職業を述べてください。

☐ **The army occupied the capital.**
軍隊は首都を占領した。

profession

[prəféʃən]

語源 pro（前で）＋fess（話す）
☞bha＝話す

名 職業、専門職
動 profess　主張する、公言する
形 professional　専門職の、プロの

医者・弁護士・教授・技術者などの知的な職業

☐ **He is a writer by profession.**
彼の職業は著述業です。

☐ **He professed his innocence.**
彼は無実を主張した。

vocation

[voukéɪʃən]

語源 voc(声)
☞vocare＝呼ぶ

名 職業、天職(=calling)、使命感
形 vocational　職業上の

「神の声」が原義。神から授かった自分に適した職業

☐ **He finally found a vocation as a journalist.**
彼はとうとうジャーナリストという天職を見つけた。

☐ **She is a student at a vocational school.**
彼女は職業学校の生徒です。

trade

[tréɪd]

語源 通った道

名 (手を使ってする)職業、仕事、貿易
動 貿易する、売買する

手を使う熟練した技術を必要とする職業

☐ **He's a carpenter by trade.**
彼の職業は大工です。

☐ **Her company trades in used cars.**
彼女の会社は中古車を売買している。

24 戦い、争いにはどれを使う？

語源 混乱

名 戦争、戦闘

２カ国間以上の大規模で広範囲にわたる戦争、敵対するグループとの戦い

□ **Both countries started a trade war.**
両国は貿易戦争を始めた。

□ **Both countries are at war.**
両国は交戦中だ。

語源 bat（たたく）＋le（反復）
☞batre＝たたく、打つ

名（局地的で大規模な）戦争、戦闘、闘争
動 戦う

war（戦争）の一部分をなす大規模で局地的な戦争や戦闘

□ **His father was killed in battle.**
彼の父親は戦死した。

□ **The Battle of Hastings was in the year 1066.**
ヘイスティングズの戦いは1066年に起こった。

fight

[fáɪt]

語源 羽や毛をむしる

名 戦い、殴り合い、けんか、言い争い
動 (～と)戦う
活用 fight-fought-fought

取っ組み合いのけんか、武器を使った争い、口論による争い

☐ **There were several fights in the game.**
その試合では乱闘が数回あった。

☐ **They fought for their country.**
彼らは国のために戦った。

quarrel

[kwɔ́:rəl]

語源 不平を言う

名 口論、口げんか
動 口論する、口げんかする

不平や不満から生ずる口論

☐ **I had a quarrel with him over a trivial matter.**
つまらないことで彼と口げんかした。

☐ **Don't quarrel with him over such a thing.**
そんなことで彼と口げんかをするな。

25 旅にはどれを使う？❶

語源 苦労する、骨折り

名 旅行
動 旅行する、伝わる、進む

air travel（空の旅）、space travel（宇宙の旅）のように、他の名詞と一緒に使うことが多い語。単独ではtravelsで「長期間の海外旅行」「旅行記」の意味になる

□ **She works for a travel agency.**
彼女は旅行案内所に勤めている。

□ **I want to travel around the world.**
世界旅行をしたい。

語源 つまずく→軽快に歩く

名 旅行、短い移動
動 つまずく

「軽快に歩くこと」が原義。観光旅行・新婚旅行・出張など、比較的短期間の旅行

□ **I went to Kyoto on a school trip.**
私は修学旅行で京都へ行った。

□ **Be careful not to trip over the cable.**
ケーブルにつまずかないように注意して。

tour
[túər]

語源 回ること

名 (観光・視察)旅行、周遊旅行
名 tourism　観光業

「回ること」が原義。出発地に戻ってくる観光や、視察目的の旅行

☐ **Do you have a Japanese guided** tour**?**
日本語の案内人つきの旅行はありますか。

☐ Tourism **is the main industry of this country.**
観光業はこの国の主な産業です。

journey
[dʒə́ːrni]

語源 一日の長さ

名 (長い陸路の)旅

「1日の行程」が原義。特別な目的を持った陸路による比較的長い旅

☐ **Life is often compared to a** journey**.**
人生はよく旅にたとえられる。

☐ **Have a safe** journey**!**
安全な旅を!

25 旅にはどれを使う？❷

語源 ex（外で）＋ cur（走る）
☞kers＝走る

名 遠足、小旅行

「外で走ること」が原義。団体観光の小旅行や、学校の遠足

☐ **This tour includes a one-day excursion to an isolated island.** このツアーには離島への１日旅行が含まれています。

☐ **We are going on a school excursion to an amusement park.** 私たちは遊園地に遠足に行きます。

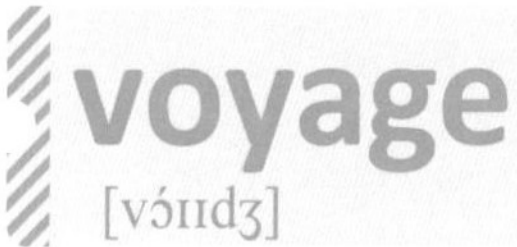

語源 道、旅
☞wegh＝乗り物で移動する

名 船旅、航海、空の旅

長期間にわたる海の旅、空の旅、宇宙への旅

☐ **They took a voyage from Yokohama to India.**
彼らは横浜からインドへの船旅をした。

☐ **A voyage to the moon is no longer a dream.**
月への旅行はもはや夢ではない。

語源 ex（外に）＋
pedi（足かせ）

名 探検、遠征、小旅行
形 expedient　都合のよい、得策な

足かせを外して外に足を向けることが原義

□ **They went on an expedition to the North Pole.**
彼らは北極探検に出た。

□ **It would be expedient for you to skip the meeting.**
あなたは会議に出席しないほうが得策だ。

語源 ex（外へ）＋
plore（叫ぶ）

名 探査、探検
動 explore　探検する、調査する

獲物を呼び出すこと

□ **He is writing a book about space exploration.**
彼は宇宙探検の本を書いている。

□ **I want to explore this cave.**
この洞窟を探検したい。

26 楽しみ、喜びにはどれを使う？

pleasure

[pléʒər]

語源 なだめること

名 喜び、楽しいこと
形 pleased　喜んで

喜びや楽しさを表す、最も一般的な語。読書や美しい景色を見た時などに得られる五感を刺激する喜びを表す

□ **It's a pleasure to meet you.**
お目にかかれて光栄です。

□ **Children get pleasure from reading.**
子供たちは読書で喜びを得る。

delight

[dɪláɪt]

語源 de（完全に）+light（とりこにする）

名 大喜び、楽しみ
形 delighted　大いに喜んで

pleasureよりも大きな喜び。声・表情・身振りなどにはっきり表れる、強い喜びや突然の喜びを表す

□ **The children are screaming with delight.**
子供たちは大喜びで叫んでいる。

□ **I'm delighted to hear the news.**
その知らせを聞いて、とてもうれしいです。

joy

[dʒɔ́ɪ]

語源 喜び

名 (大きな)喜び、うれしさ
形 joyful　とてもうれしい、とても楽しい

delightよりもさらに大きく、小躍りしたくなるような喜び。有頂天(うちょうてん)というニュアンスもある

☐ **I jumped for joy when I heard the news.**
私は知らせを聞いた時に喜んで飛び跳ねた。

☐ **Christmas is the most joyful time of the year.**
クリスマスは一年で一番楽しい時です。

enjoyment

[ɪndʒɔ́ɪmənt]

語源 en(中に)+ joy(喜び)

名 喜び、楽しみ
動 enjoy　～を楽しむ
形 enjoyable　楽しい

好きなことや楽しい経験を通じて味わう喜びや楽しみ。喜びそのものよりも、喜びを伴う行動に焦点がある

☐ **Skiing is a great enjoyment to me.**
スキーは私にとって大きな楽しみです。

☐ **Let's enjoy skiing in Hokkaido.**
北海道でスキーを楽しもう。

27 中心にはどれを使う？

center
[séntər]

語源 円の中心点

名 中心、真ん中、(活動の) 中心地、(興味や関心の) 的
動 ～を集中させる

円や球形の周囲の、どこからも等距離になる真ん中。円や球の中心点

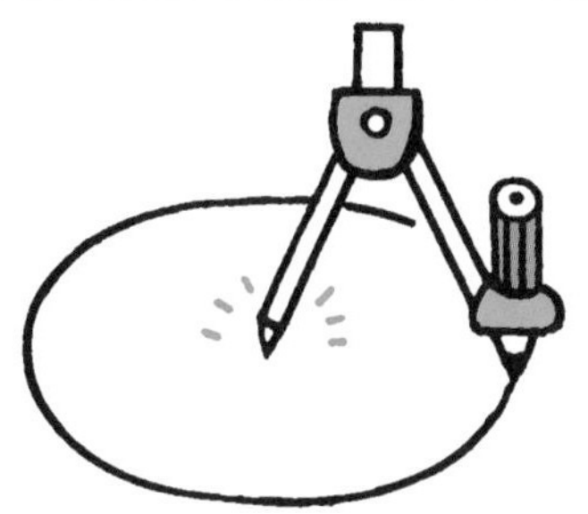

- □ **There is an old church in the center of the village.**
  村の中心に古い教会がある。
- □ **She was the center of attention at the party.**
  彼女はパーティーで注目の的だった。

middle
[mídl]

語源 中間の(mid)
☞medhyo＝中間

名 中心部、真ん中、(期間の) 中間
形 真ん中の、中間の

場所や時間、程度などの中心。辺や端からほぼ等距離にある位置としての真ん中

- □ **There was a car accident in the middle of the road.**
  道路の真ん中で自動車事故があった。
- □ **We are leaving Japan in the middle of June.**
  私たちは6月の中旬に日本を出ます。

heart
[há:rt]

語源 心

名 中心、核心、心臓、心、(地理的な)中心部
形 hearty　心のこもった

心臓は臓器で最も重要な部分の一つであるように、場所や物事の中枢や核心を表す

☐ **His apartment is at the heart of the town.**
彼のアパートは街の中心部にある。

☐ **My host family gave me a hearty welcome.**
ホストファミリーは私を心から歓迎してくれた。

core
[kɔ́:r]

語源 果物などの芯

名 (果実の)芯、(組織の)中核、(問題の)核心

リンゴやモモなどの種や芯のある、かたい中心部、物事の核心

☐ **The apple is rotten to the core.**
そのリンゴは芯まで腐っている。

☐ **I want to know what the core of the problem is.**
問題の核心を知りたい。

28 長所、利点にはどれを使う？

merit
[mérət]

語源 得をすること、当然の報い

名 利点、長所
名 demerit　欠点、短所

あるものが持っている価値で、ほめるに値する特質

□ **What are the merits of this car?**
この車の利点は何ですか。

□ **His proposal has a lot of demerits.**
彼の提案には欠点がたくさんある。

benefit
[bénəfɪt]

語源 bene（よい）＋fit（する、作る）
☞facere＝する、作る

名 利益、恩恵、利点
動 利益になる
形 beneficial　有益な

「よい行ない」が原義。個人や集団のためになるようなこと

□ **What are the benefits of this car?**
この車の利点は何ですか。

□ **Regular exercise is beneficial to your health.**
定期的な運動は健康に有益です。

advantage

[ədvǽntɪdʒ]

語源 ad（～のほうへ）＋ant（前に）

名 有利（な点）、強み、長所
名 disadvantage　不利な立場

テニスでデュースになった際、最初の得点をアドバンテージというように、他と比べて先んじている有利な状態のこと。そこから利益が生じるというニュアンスがある

☐ **Being tall is a great advantage in basketball.**
バスケットボールでは身長が高いことは大きな強みです。

☐ **Our team is at a disadvantage right now.**
今のところ私たちのチームは劣勢だ。

virtue

[vəːrtʃuː]

語源 男らしさ、勇気

名 長所、美徳
形 virtuous　高徳な

人やものに道徳的な価値を与える特質

☐ **Patience is a virtue.**
忍耐は美徳である。

☐ **The economy seems to be in a virtuous cycle.**
景気は好循環にあるようだ。

29 罪にはどれを使う？

sin
[sín]

語源 神の法律を破ること

名 罪、罪悪
形 sinful　罪深い、邪悪な

「神に対して悪事を働くこと」が原義。宗教上・道徳上の罪

□ **I wonder if it is always a sin to tell lies.**
嘘をつくことはいつも罪だろうか。

□ **It is sinful to waste food.**
食べ物を無駄にするのは罪深いことだ。

vice
[váɪs]

語源 欠陥、悪い行ない

名 悪い行ない、不道徳、犯罪
形 vicious　残忍な、悪意のある

道徳上の悪い行ない。売春・麻薬・ギャンブルなどの違法行為や不道徳な行為

□ **There's a lot of vice in New York.**
ニューヨークにはたくさんの犯罪がある。

□ **The Japanese economy is trapped in a vicious cycle.**
日本の経済は悪循環にはまっている。

語源 ふるいにかける
→裁く

名 罪、犯罪、罪悪
形 名 criminal　犯罪の、犯人

法律的な罪、一般的な犯罪。罪の軽重を問わないが、特に重大な不正行為に焦点がある

☐ **The town has a high crime rate.**
その町は犯罪率が高い。

☐ **Graffiti is considered a criminal act.**
落書きは犯罪行為と見なされる。

offense
[əféns]

語源 「o(f)(向かって)＋
fense(つつく)」

名 犯罪、違反、無礼、攻撃
形 offensive　無礼な、攻撃の
動 offend　～を攻撃する

相手をつつくことから、相手に対する無礼や気持ちを害することを示す。法律や慣習に違反すること。罪の軽重を問わず、具体的な罪の名称を表す際に使う

☐ **Drinking on the street is a minor offense in this state.**
この州では路上の飲酒は軽犯罪です。

☐ **He made an offensive comment.**
彼は無礼なコメントをした。

30 道具、装置にはどれを使う？

tool

[tú:l]

語源 準備をするもの

名 道具、手段

ハンマー(hammer)やのこぎり(saw)など。物作りや修理作業を容易にする道具

☐ **Bring the tool box from the garage.**
ガレージから道具箱を持ってきて。

☐ **This tool is used to make holes in the ground.**
この道具は地面に穴をあけるために使われる。

appliance

[əpláɪəns]

語源 ap（～を）＋pli（重ねる）
☞pel＝重ねる、折る

名 （電気の）器具、道具

洗濯機・掃除機・冷蔵庫・調理器など、家庭用の小型の機器。ナイフやフォークなどの台所用品はutensils

☐ **That store sell all sorts of domestic appliances.**
あの店ではあらゆる種類の家庭器具を売っている。

☐ **How can I use this cooking utensil?**
この調理器具はどのように使えばいいですか。

instrument

[ínstrəmənt]

語源 in（上に）＋
stru（積み上げる）
☞stere＝広げる、積み上げる

名 道具

楽器や医療器具など、学術や研究に使われる正確で精密な働きをする道具

☐ **I wish I could play a musical instrument.**
楽器を弾くことができたらなあ。

☐ **This is a medical instrument.**
これは医療用の器具です。

device

[dɪváɪs]

語源 de（離れて）＋
vice（分ける）

名 装置、工夫
動 devise　考案する、工夫する

「分けて工夫した物」が原義。特定の目的のために設計された装置や器具

☐ **This pen is a listening device.**
このペンは盗聴器です。

☐ **She devised the game as an educational tool.**
彼女はそのゲームを一つの教育手段として考案した。

31 特徴、性格にはどれを使う？

character
[kérəktər]

語源 刻印

名 性格、特徴、登場人物、文字
形 characteristic　特徴的な、典型的な

「体に刻まれたもの」が原義。先天的、および、後天的に備わった精神的な特徴

□ She has very good character.
彼女の性格はとてもよい。

□ It is characteristic of him to do such a thing.
そんなことをするとは彼らしい。

personality
[pə̀ːrsənǽləti]

語源 person（俳優の被（かぶ）った仮面→個人）

名 個性、性格、人間的な魅力
形 personal　個人的な

古代ギリシャやローマの役者が、数種類の仮面をかぶって一人で何役も演じ分けたことから、他人への振る舞い方で表される人柄や人格を表す

□ She has an attractive personality.
彼女は魅力的な個性を持っている。

□ May I ask you some personal questions?
個人的な質問をしてもいいですか。

語源 feat(形作られたもの)
☞facere＝する、作る

名 (目立った)特徴、顔立ち、特集記事
動 特集する

「形作られた物」が原義。他と比べて目立った特徴

☐ **Her eyes are her most striking feature.**
彼女の目は最も目立つ特徴です。

☐ **This magazine is featuring my articles.**
この雑誌は私の記事を特集している。

語源 引かれた線
☞trahere＝引く

名 (生活・習慣上の)特徴、特性、特色

親から子へ引き継がれた特質や性格

☐ **Pride was one of my family traits.**
プライドは私の家族の特性の一つだった。

☐ **He shares several character traits with his father.**
彼は父親といくつか性格上の特徴を共有している。

32 泥棒、強盗にはどれを使う？

robber

[rɑ́ːbər]

語源 rob（奪う）＋er（人）

名 強盗、盗賊
動 rob　奪う

脅迫したり暴行したりすること、金品を奪う強盗

- [ ] **She screamed at the sight of a robber.**
  彼女は強盗を見て叫んだ。
- [ ] **I was robbed of my bag on the street.**
  私は通りでバッグを奪われた。

burglar

[bə́ːrglər]

語源 要塞（ようさい）をこじ開ける人

名 窃盗（せっとう）
名 burglary　侵入窃盗罪

窃盗。家などに侵入して金品を奪うことに焦点がある

- [ ] **The burglar broke into the house from the window.**
  その泥棒は窓から家に押し入った。
- [ ] **He was arrested for burglary.**
  彼は侵入窃盗罪で逮捕された。

thief

[θíːf]

語源 うずくまる

名 泥棒
名 theft　窃盗

暴力行為を伴わずに、被害者からこっそりと金品を盗む泥棒

☐ **The thief was arrested by the police.**
その泥棒は警察に逮捕された。

☐ **He was under suspicion of theft.**
彼は窃盗罪の疑いをかけられている。

pickpocket

[píkpàːkət]

語源 pick（つつく）＋pocket（ポケット）

名 スリ
動 pick　～を取る、～を選ぶ

「ポケットの中の物を抜き取る人」が原義。特に混雑した場所で金品を盗むスリ

☐ **Be careful of pickpockets.**
スリに気をつけて。

☐ **I had my pocket picked on the bus.**
私はバスでスリに遭った。

33 仲間にはどれを使う？

coworker
[kóuwəːrkər]

語源 co（共に）＋worker（働く人）

名 同僚、仕事仲間

同じ職場で働く人が原義で、基本的に同じ仕事をする人であり、立場は同等

☐ **Is he your coworker?**
彼はあなたの仕事仲間ですか。

☐ **He used to be my coworker.**
彼はかつての同僚です。

colleague
[káːliːg]

語源 col（共に）＋league（選ぶ）
☞leg＝集める、選ぶ

名 （公職、専門職にある人の）同僚、仲間

「選ばれた人」が原義。大学教授・医師・弁護士・教師などの専門職の同僚

☐ **She is a colleague of mine.**
彼女は私の同僚の一人です。

☐ **Let me introduce you to my colleague.**
私の同僚を紹介させてください。

companion

[kəmpǽnjən]

語源 com（共に）＋
pan（パン）
☞pa＝エサを与える

名 仲間、連れ

「一緒にパンを食べる人」が原義。日常生活で長く時間を共にする人や旅の仲間。気の合った仲間を暗示する語

☐ **He has been my fishing companion since last year.**
去年から彼は私の釣り仲間です。

☐ **He was a companion at arms.**
彼は戦友でした。

buddy

[bʌ́di]

語源 兄弟

名 仲間、相棒、友

brother（兄弟）の音が変化してできた語で、close friend（親友）のくだけた単語

☐ **Ken and I have been buddies for years.**
ケンは長年の仲間です。

☐ **We are drinking buddies.**
私たちは飲み仲間です。

34 におい、香りにはどれを使う？❶

smell

[smél]

語源 くすぶる、においを感じる

名 におい
動 においがする

良し悪しを問わず、におい全般

☐ **What a strong smell!**
なんてきついにおい！

☐ **This smells sweet.**
これは甘い香りがする。

odor

[óudər]

語源 においを発する、においをかぐ

名 （物から出る）におい、気配

不快で強いにおい

☐ **The air is filled with the odor of old fish.**
空気は古い魚のにおいで満ちている。

☐ **The cheese has a strong odor.**
そのチーズはにおいがきつい。

stink
[stíŋk]

語源 嫌なにおいを発する

名 悪臭、嫌なにおい
動 におう

鼻を刺すような強烈な悪臭

☐ **What a stink!**
嫌なにおいだなあ！

☐ **You stink of garlic.**
あなた、ニンニクのにおいがしますよ。

scent
[sént]

語源 感じること

名 におい、香り
動 ～をかぎつける、～に香りをつける

人・動物・物などが放つ、かすかなにおい

☐ **The scent of roses relaxes me.**
バラの香りでリラックスできる。

☐ **They scented danger and left the building immediately.**
彼らは危険を察知し、ただちにビルを出た。

34 におい、香りにはどれを使う？❷

flavor

[fléɪvər]

語源 flav（風が吹く）＋ or（こと）

名 風味、味わい、香辛料

動 風味を添える、味つけする

「風が運ぶ物」が原義。食べ物や飲み物の風味。特有の風味、趣（おもむ）き、香気に焦点がある

□ **This wine has a fruity flavor.**
このワインはフルーティーな風味がする。

□ **Saffron is used to flavor rice.**
お米に風味を添えるためにサフランが使われている。

perfume

[pə́ːrfjuːm]

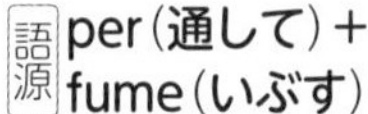

語源 per（通して）＋ fume（いぶす）

名 香水、快い香り

全身をいぶすもの

□ **Which brand of perfume do you wear?**
どこのブランドの香水をつけていますか。

□ **What does the perfume smell like?**
その香水はどんなにおいですか。

aroma

[əróumə]

語源 甘い香り

名 芳香、香り
形 aromatic　香りのよい、香ばしい

コーヒーやワインなどの香ばしいにおい

□ **I love the aroma of coffee.**
私はコーヒーのにおいが大好きです。

□ **I always take an aromatic bath.**
私はいつもアロマのお風呂に入ります。

---

fragrance

[fréɪgrəns]

語源 甘い香り

名 よい香り、香水
形 fragrant　香ばしい

「甘い香り」が語源。秋になると甘い香りを漂わせるキンモクセイはfragrant olive

□ **She uses an expensive fragrance.**
彼女は高価な香水を使っている。

□ **We walked through the cool and fragrant forest.**
私たちは涼しくて、よい香りのする森林を散歩した。

35 能力、才能にはどれを使う？

ability

[əbílәti]

語源 able（できる）
☞ghabh＝与える、授かる

名 能力、才能
形 able　有能な、～できる

「簡単に扱えること」が原義。実際に成し得る知的・身体的な能力で、後天的な才能を表す

□ **He has the ability to speak ten languages.**
彼は10カ国語を話すことができる。

□ **She is able to speak ten languages.**
彼女は10カ国語を話すことができる。

capacity

[kәpǽsәti]

語源 cap（つかむ）
☞kap＝つかむ

名 （受容）能力、（潜在的な）能力
形 capable　有能な、～できる

「物を入れる容器」が原義。人や物が、ある物事を許容し、処理することができる潜在的な能力。形容詞の場合は、人だけでなく、物も主語になる

□ **She has the capacity for leadership.**
彼女には指導者の能力がある。

□ **This machine is capable of making 100 copies per minute.**
この機械は毎分100枚のコピーができる。

talent
[tǽlənt]

語源 測られた物→通貨→財産

名 才能、才能ある人々
形 talented　才能のある

生まれ持った芸術的な才能、努力によってさらに高められた才能

☐ **She has a great talent for music.**
彼女は音楽にすばらしい才能がある。

☐ **He is a talented violinist.**
彼は才能のあるバイオリニストだ。

gift
[gíft]

語源 贈り物
☞ghabh＝与える、授かる

名 天賦(てんぷ)の才能、贈り物
形 gifted　生まれつき才能のある

talentよりもさらに優れた生まれ持つ才能。神に与えられたというニュアンスがある

☐ **It's a gift from God.**
それは神からの授かり物です。

☐ **She was born a gifted painter.**
彼女は画家の才能を持って生まれた。

36 病気、障害にはどれを使う？

disease
[dɪzíːz]

語源 dis（でない）＋ ease（楽）

名 病気、疾病（しっぺい）

「楽でない状態」が原義。heart disease（心臓病）やAlzheimer's disease（アルツハイマー病）のように、病名のはっきりした病気のこと

☐ **He suffers from a heart disease.**
彼は心臓病を患っている。

☐ **The number of cases of the disease continued to rise.**
その病気の症例数は増え続けた。

illness
[ílnəs]

語源 ill（悪い）

名 病気（の状態）、（精神的な）病気
形 ill　病気の、悪い

風邪や頭痛などのような軽い症状ではなく、慢性的で長期間に及ぶ病気の状態

☐ **She is suffering from a mental illness.**
彼女は精神的な病気に苦しんでいる。

☐ **He is seriously ill.**
彼は重病だ。

sickness

[síknəs]

語源 sick（弱い）

名 病気、体調不良
形 sick　病気の、吐き気のする、うんざりする

吐き気のように、症状が急に出たり、比較的短期間で終わったりする特定の病気

☐ **She has been off for three days due to sickness.**
彼女は病気で3日間休んでいる。

☐ **He is sick in bed.**
彼は病気で伏（ふ）せっている。

disorder

[dɪsɔ́ːrdər]

語源 dis（でない）＋order（秩序）
☞ar＝つなぎ合わせる

名 障害、異常、混乱

「心身の調子が悪い状態」が原義。感染によるものか、原発性か二次性かを問わず、体や精神の仕組みのバランスが崩れて正常に働かなくなること

☐ **She suffers from an eating disorder.**
彼女は摂食障害を患っている。

☐ **The office is always in disorder.**
事務所はいつも散らかっている。

37 風景、景色にはどれを使う？

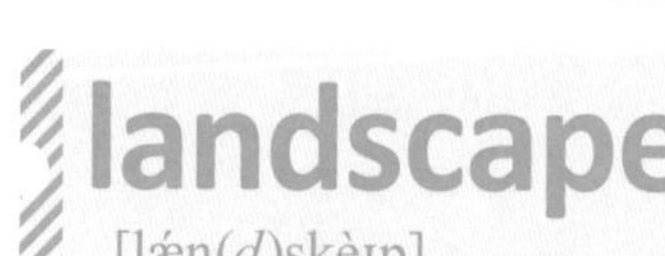

語源 land（陸）＋scape（状態）

名 （陸地の）景色、風景（画）

一目で見渡せる美しい陸地や田園地方の風景、風景画

☐ **I like painting landscapes.**
私は風景画を描くのが好きです。

☐ **I like taking pictures of rural landscapes.**
私は田舎の風景の写真を撮るのが好きです。

scene
[síːn]

語源 劇場のテント

名 （一つひとつの）場面や光景、（事件や事故の）現場

目の前に広がる、範囲の限られた眺めや場面。ある特定の風景

☐ **Which scene of the movie is your favorite?**
その映画であなたの好きな場面はどこですか。

☐ **The police arrived on the scene.**
警察が現場に到着した。

scenery

[síːnəri]

語源 scene（景色）

名 景色、風景

一地方全体の美しい自然の風景

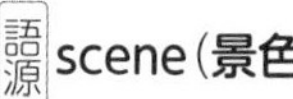

☐ **This is the most beautiful scenery I've ever seen.**
これは私が今まで見た中で一番美しい風景です。

☐ **The village is known for its beautiful scenery.**
その村は美しい景色で知られている。

view

[vjúː]

語源 見ること
☞videre＝見る
→weid＝見る、見える

名 景色、眺め、視野、見方

特定の場所からの、目の前に広がる景色

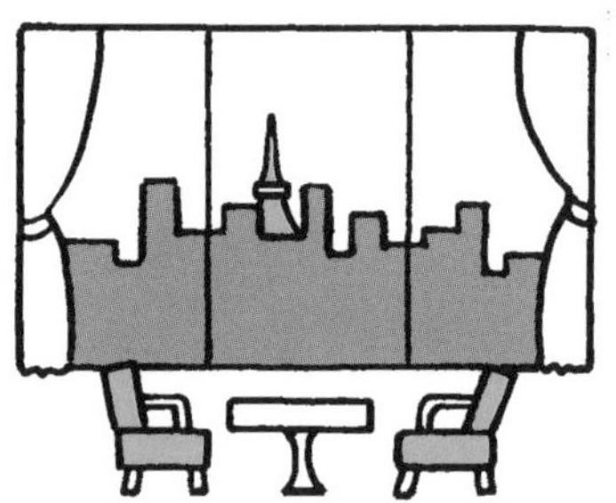

☐ **I'd like a room with an ocean view.**
海の見える部屋がいいのですが。

☐ **There is a breathtaking view from the balcony.**
バルコニーから息を飲むような景色が広がっている。

38 不景気にはどれを使う？

語源 re（後ろに）＋
cess（行く）

名 景気後退、不況
動 recede　（徐々に）退く、後退する

景気が一時的に後退すること、経済成長率が最低でも数カ月間低迷すること

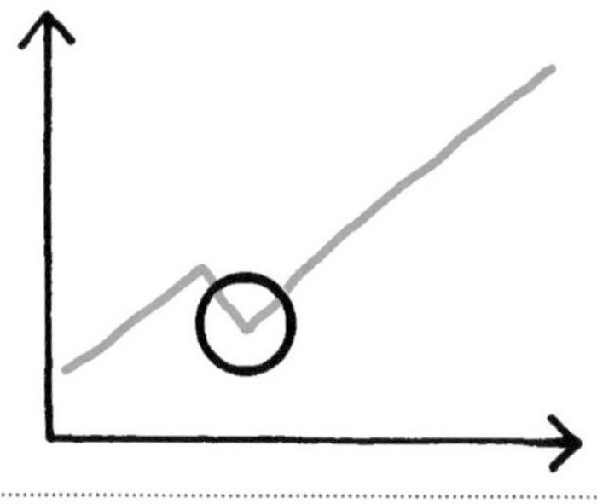

□ **Many companies went bankrupt during the recession.**
不況の間に多くの企業が倒産した。

□ **My hairline seems to be receding.**
私の前髪の生え際が後退しているようだ。

語源 de（下に）＋
press（押す）
☞per＝先に、導く

名 不景気、不況、うつ病
動 depress　下落させる、落ち込ませる

数年間に及ぶ深刻な不景気

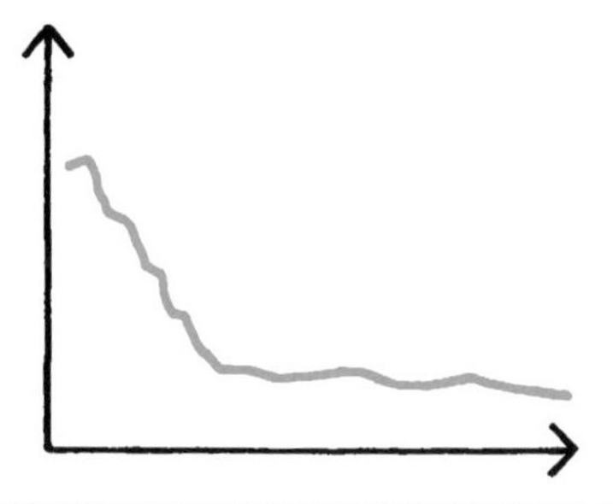

□ **The country has been in a depression for nearly 10 years.**
その国は約10年間不況に陥っている。

□ **What makes you so depressed?**
どうしてそんなに落ち込んでいるのですか。

語源 落ちること

名 不況、急落、スランプ
動 暴落する、ドスンと落ちる

「突然、ぬかるみに落ちること」が原義。物価や価値が暴落すること、recessionとdepressionとのくだけた表現

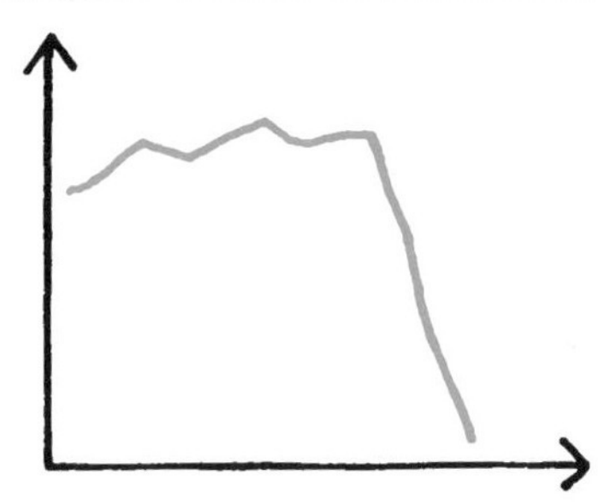

□ **The airline industry is in a slump.**
航空産業は不況下にある。

□ **He slumped to the floor.**
彼はドスンと床に倒れた。

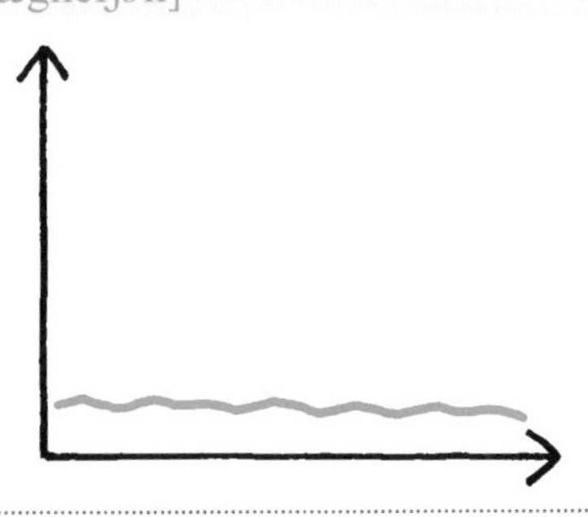

語源 よどみ

名 不況、不景気、停滞
動 stagnate　停滞する、よどむ

池や沼などに水がよどんでいることから、経済成長が止まった状態を表す

□ **The country's economic stagnation was at its worst.**
その国の経済停滞は最悪だった。

□ **The economy is stagnating.**
景気は停滞している。

39 服にはどれを使う？

dress

[drés]

語源 まっすぐにする
☞reg＝まっすぐに、導く

名 服、ドレス
動 下ごしらえする、飾る

語源の「まっすぐにする」ことから、本来は a formal dress（正装）のように、男女を問わず改まった場面や正式な儀式で着る服のことを表すが、主に女性が着るワンピースのドレスを指す

☐ **She wore a long white dress to the party.**
彼女はパーティーに、白くて長いワンピースを着ていった。

☐ **Get dressed quickly.**
早く服を着なさい。

clothes

[klóuz]

語源 布

名 衣服

普段から身に着ける衣服の総称。洋服店のa clothes storeは服を売るだけの店を指し、a clothes shopは服の仕立てなどのサービスもする店を表す

☐ **You can wear everyday clothes to the party.**
パーティーは普段着で大丈夫です。

☐ **I have no sense in clothes.**
私は服のセンスがない。

clothing

[klóuðiŋ]

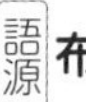

語源 布

名 衣料品、衣類

服に限らず、帽子や靴なども含めた身に着ける物全て。a clothing storeは衣料品店

☐ **She works in a clothing factory.**
彼女は衣料品工場で働いている。

☐ **Food, clothing and shelter are the basis of life.**
衣食住は生活の基本である。

costume

[kást(j)uːm]

語源 習慣、慣習

名 衣装、服装

「習慣となった服」が原義。「民族衣装(national costume)」のように、ある特定の時代・地域・集団などに特有の服装や、舞台やパーティー用の衣装や仮装のこと

☐ **They are dressed in Halloween costumes.**
彼らはハロウィーンの衣装を着ている。

☐ **The bride had four costume changes at the party.**
花嫁はパーティーで4回衣装を替えた。

40 不足、欠乏にはどれを使う？

語源 滴る、たれる

名 不足、欠乏
動 ～を欠いている
形 lacking　不足している

「漏れる」という意味のleakと同じ語源で、一部が欠けていて十分でないこと、または全てが欠けていること

☐ **This tour has been canceled for lack of bookings.**
このツアーは予約数不足のためにキャンセルされました。

☐ **He is lacking in common knowledge.**
彼は常識に欠けている。

語源 short（短い）
☞sker＝切る

名 不足
形 short　短い、背の低い、不足して

「通常よりも短い状態」が原義。部分的に不足している状態で、特に必要とされる分や、習慣的に使っている分よりも不足しているというニュアンスがある

☐ **There is a shortage of doctors in this town.**
この町では医師が不足している。

☐ **We are short of funds.**
私たちは資金が不足している。

want

[wʌ́nt]

語源 欠けていること
☞wa/va＝なくなる、捨てる

名 欠乏、不足、貧困
形 wanting　欠けている、足りない

全体の一部が欠けていること。今すぐにでも補充する必要があることを示唆する

- [ ] **The plant is dying for want of water.**
その植物は水分不足で枯れかけている。

- [ ] **He is wanting in courage.**
彼は勇気に欠けている。

absence

[ǽbsəns]

語源 ab（離れて）＋sence（存在）

名 欠乏、欠如、欠席
形 absent　欠席の、欠いている

「存在しないこと」が原義。absence of ~の形で「～が欠如していること」や「～がないこと」を表す

- [ ] **Fear is created by the absence of love.**
恐怖は愛情の欠如から生まれる。

- [ ] **Who is absent today?**
今日、欠席している人は誰ですか。

41 方法にはどれを使う？

語源 行く→道
☞wegh＝乗り物で移動する

名 やり方、方法、道

やり方、方法。善し悪しや技術の有無は問わない

☐ **The best way to get there is by taxi.**
そこに行く一番の方法はタクシーです。

☐ **Where is the way out?**
出口はどこですか。

語源 met（追う）＋hod（道）

名 （組織的な）方法・方式、筋道

「追求する道」が原義。綿密さや正確性に裏打ちされ、組織的に確立した方法

☐ **He invented a new method of teaching English.**
彼は新しい英語教授法を発明した。

☐ **What is the best method of learning English?**
英語の最適な学習法は何ですか。

manner

[mǽnər]

語源 手での扱い方
☞man＝手

名 方法、態度、(複数形で)行儀・風習

慣習。または個人に特有の、言葉や行為に関する方法

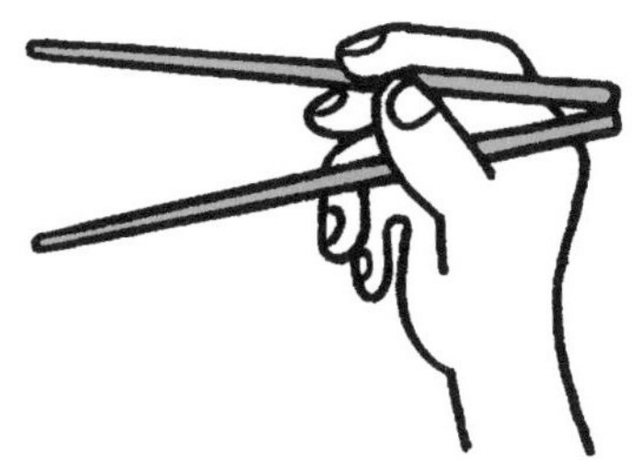

□ **She cooked it in a different manner.**
彼女は違った方法でそれを料理した。

□ **It's bad manners to speak with your mouth full.**
口に食べ物を入れて話すのは行儀が悪い。

means

[míːnz]

語源 中間
☞medhyo＝中間

名 手段、方法

あることを達成するための手段や方法

□ **The bus is the only means of transportation.**
バスは唯一の交通手段だ。

□ **Do you have any means of identification?**
何か身分を証明するものがありますか。

42 間違いにはどれを使う？

mistake

[məstéɪk]

語源 mis（誤り）＋ take（取る）

名 （不注意や勘違いによる）間違い、誤り
動 間違える

試験でする「ケアレスミス(careless mistake)」のように、不注意や勘違いによって生じた誤り。法則や原則を無視することによって生じた誤り

☐ **I left my smartphone at home by mistake.**
うっかりスマホを家に忘れてしまった。

☐ **I often mistake Alice for her twin sister.**
私はよくアリスと彼女の双子の妹を間違える。

error

[érər]

語源 err（道に迷う）

名 （判断・裁判・医療・計算などの）誤り、過失
動 err　間違える

計算の誤りや道徳上の誤り、裁判の誤審など、合理的な基準から逸脱した間違い。本人が気づいていない過ちというニュアンスがある

☐ **There are many errors in your calculations.**
あなたの計算には誤りがたくさんある。

☐ **To err is human.**
過ちは人の常。

fault
[fɔ́:lt]

語源 だまされること、落ちること

名 誤り、過失、欠点、責任
形 faulty　欠陥のある

人の好ましくない性格や、そのやり方に対する過失や落ち度。または、機能を損なうような不具合。その過ちに対して取るべき責任があることを示唆する

□ **You should feel sorry. It's your fault.**
申し訳ないと思うべきです。あなたの責任です。

□ **No faulty gene was found.**
欠陥遺伝子は見つからなかった。

blunder
[blʌ́ndər]

語源 目を閉じて歩くこと

名 誤り、大失敗
動 大失敗する、恐る恐る歩く

blind（目の見えない）と同じ語源の語。愚かさや不注意から生じた、責任を問われる大きな過失や大失敗

□ **Her daughter died due to a medical blunder.**
彼女の娘は医療過誤で亡くなった。

□ **She blundered around in the dark.**
彼女は暗闇の中を恐る恐る歩いた。

43 道、通り にはどれを使う？❶

[strí:t]

語源 広げられた
→舗装された道
☞stere＝広げる、
積み上げる

名 道、通り

町の中にある歩道つきの道、両側または片側に家や商店などが立ち並ぶ道

☐ **There are many stores on both sides of the street.**
通りの両側にたくさんの店がある。

☐ **The bank is down the street.**
銀行はこの先にあります。

[róud]

語源 馬に乗ること

名 道路、道、方法

ride（乗る）と同じ語源の語。町の別の箇所に通じる道、町から町へと続く車・バス・自転車が通る道。「目的に通じる道」や「方法」の意味ではwayに置き換えが可能

☐ **This road leads to London.**
この道はロンドンに通じている。

☐ **There is no royal road to learning.**
学問に王道なし。

avenue
[ǽvən(j)ùː]

語源 a(～のほうへ)＋venue(来る)
☞venire＝来る

名 大通り、並木道

両側に邸宅や建物が並び、街路樹がある大通り

☐ **His office faces Third Avenue.**
彼のオフィスは３番街に面している。

☐ **My house is along this avenue.**
私の家はこの並木道沿いにあります。

lane
[léɪn]

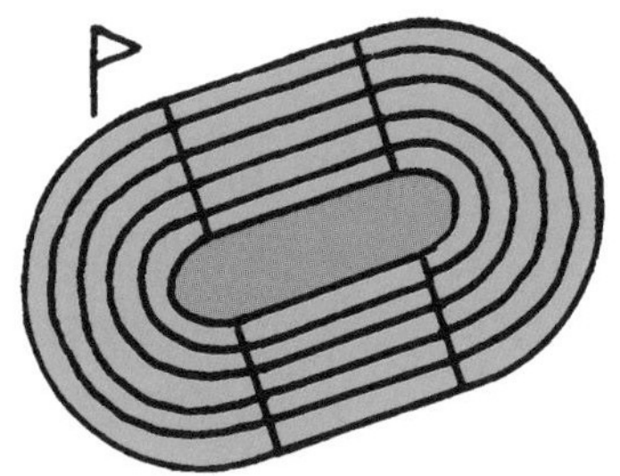

語源 小さい道

名 細道、小道、路地、車線

田舎の細道、家や建物の間にある小道や路地、陸上競技のトラックやプールのコース

☐ **This lane leads to the entrance gate of the zoo.**
この細道は動物園の入り口に通じている。

☐ **She is swimming in lane 5.**
彼女は5コースで泳いでいます。

43 道、通りにはどれを使う？❷

path

[pæθ]

語源 通る

名 細道、小道、散歩道、進路

「踏まれてできた小道」が原義。人や動物が歩いて自然にできた小道、公園や庭園などの中にある遊歩道

☐ **Follow the path across the field.**
畑の向こう側の小道を進んでください。

☐ **This path leads to a suspension bridge.**
この小道を行けばつり橋に出ます。

route

[rúːt]

語源 崩れる
☞rumpere＝崩れる、壊れる

名 （出発点から到達点までの）道、道筋、経路、方法

「切り開かれた道」が原義。出発点から到達点までの道や筋道

☐ **Do you have a bus route map?**
バスの路線図はありますか。

☐ **They discovered a new route to Asia.**
彼らはアジアへ通じる新しいルートを発見した。

alley

[ǽli]

語源 歩き回る

名 路地、横道

家と家の間に挟まれて車が通れないほど狭い道。alley catは「のらネコ」

☐ **I live in a house at the end of this alley.**
私はこの路地の突き当たりの家に住んでいます。

☐ **We live in the same alley.**
私たちは同じ横丁に住んでいます。

course

[kɔ́:rs]

語源 走ること
☞kers＝走る

名 進路、針路、方針、課程、コース

通過地点が決まっている路

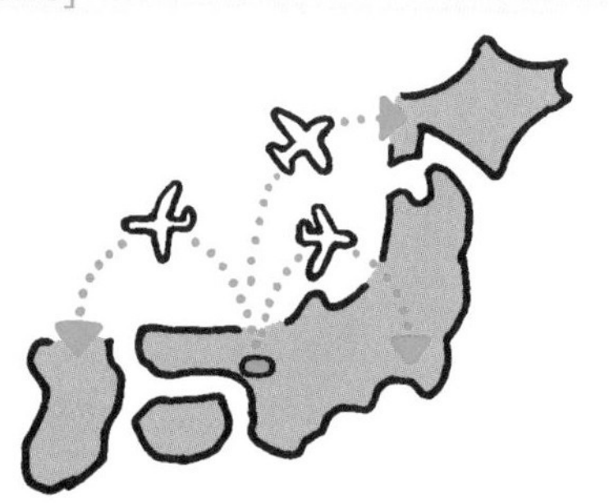

☐ **The plane changed course.**
飛行機は進路を変更した。

☐ **The pilot changed course to avoid the storm.**
パイロットは嵐を避けるためにコースを変えた。

44 店にはどれを使う？

store
[stɔ́:r]

語源 蓄え、供給
☞sta＝立つ、ある

名 店

「商品を保管しながら客に供給する場所」が原義。基本的には、仕入れた商品を倉庫に保管し、販売のみ行なう店のこと。shopに比べると比較的大規模な店を表す

☐ **Is there a convenience store around here?**
この辺にコンビニはありますか。

☐ **I'll go shopping in the department store.**
デパートに買い物に行きます。

shop
[ʃá:p]

語源 牛小屋、壁のない建物

名 店

特定の商品を販売するだけでなく、製造や加工など、その場で特定のサービスも提供する店。a shoe shopは個人経営の店で靴の修理も行なう店、a shoe storeはたくさん種類のある大規模な量販店

☐ **There's a barber shop in front of the station.**
駅前に理髪店がある。

☐ **I'll have lunch in a coffee shop nearby.**
近所の喫茶店で昼食を取ります。

stall

[stɔ́:l]

語源 置かれたもの→家畜小屋

名 屋台、露店、車のエンスト

動 エンジンが止まる

牛舎のように、「長い建物の中にある、仕切られた部屋のような物」が原義。主に市場の中の店を表す

☐ **I run a stall in the market.**
私は市場で露店を経営しています。

☐ **The engine stalled suddenly.**
エンジンが突然止まった。

stand

[stǽnd]

語源 建っている物 ☞sta＝立つ、ある

名 屋台、露店、売店

「新聞・雑誌売り場(newsstand)」や「ホットドッグ店(hot-dog stand)」のように、街頭にポツンと立っているイメージの店

☐ **There's an ice cream stand over there.**
向こうにアイスクリーム売り場がある。

☐ **There's a fruit stand at the corner.**
隅に果物売り場があります。

45 目的にはどれを使う？

語源 pur(前に)＋
pose(置く)
☞ponere＝置く

名 (最も一般的な意味での)目的、意図

「前に置かれた物」が原義。「目的」を表す最も一般的な単語。What is the purpose of your visit?(訪問の目的は何ですか)は空港での入国審査の決まり文句

☐ **She went to Germany for the purpose of studying music.**
彼は音楽を勉強する目的でドイツに行った。

☐ **He dropped a book on purpose.**
彼はわざと本を落とした。

語源 計算する、数える

名 (狙いを定めた特定の)目標
動 狙う、向ける

計算された「狙い」が原義。年間目標や売り上げ目標など主に短期的、および集中的で具体的な目標

☐ **He finally achieved his aim.**
彼はとうとう目標を達成した。

☐ **The hunter aimed at the lion.**
ハンターはライオンを狙った。

goal
[góul]

語源 境界線

名 目標、目的(地)、特典

境界線となる杭や長い棒などの障害物が原義。長期間の努力の結果、達成される目標。努力や困難が伴うことを暗示する

□ **What is your final goal in life?**
あなたの人生の最終目標は何ですか。

□ **My next goal is Kenya.**
次の目的地はケニアです。

target
[tá:rgət]

語源 targ(盾)+ et(小さい物)

名 達成目標、(成長・計画・批判などの)対象、標的

敵が持つ盾をめがけて槍を投げることから、「攻撃の目標」が原義。生産や販売などの達成目標

□ **The company is likely to reach its target of 8% growth this year.** その会社は今年、8パーセントの成長目標を達成しそうだ。

□ **Their target market is teenagers.**
彼らが目標とする市場は10代だ。

46 問題にはどれを使う？

語源 quest（求める）

名（解決するべき）質問、（軽い）問題
動 質問する、疑う

単なる「問いかけ」の意味で、解決するかどうかは別問題。文科系のテスト問題

☐ **To be, or not to be: that is the question.**
生きるべきか死ぬべきか、それが問題だ。

☐ **Studying abroad is out of the question.**
留学することは問題外だ（不可能だ）。

problem
[prá:bləm]

語源 pro（前に）＋blem（投げる）

名（解決するべき難しい）問題。（数学の）問題

論理的思考や数学的な知識を使って、道筋の通ったはっきりとした解決が求められる、理解しにくい問題を暗示。理科系のテスト問題

☐ **This problem is too difficult to solve.**
この問題は難しくて解けない。

☐ **"Thank you." "No problem."**
「ありがとうございます」「どういたしまして」

語源 源、母(mother)

名 問題、事柄、事態、物質
動 重要である

考慮したり処理したりするべき問題など、漠然とした問題や事柄を表す。生命の源である「母親」のmotherと同じ語源であることから、動詞では「大事である」「問題になる」

□ **It is a matter of life and death.**
それは死活問題だ。

□ **It doesn't matter whether he comes or not.**
彼が来ようが来まいが問題ない。

語源 行くこと
it=行く

名 (話し合うべき)問題(点)、論争点、発行、～号
動 発行する、支給する

議論や討論の場で取り上げられた問題、決着を迫られている社会的・国際的な問題

□ **Let's move on to another issue.**
もう一つの問題に移りましょう。

□ **A state of emergency has been issued.**
緊急事態宣言が発令された。

47 約束、予約にはどれを使う？

reservation

[rèzərvéɪʃən]

語源 re（後ろに）＋serve（保つ）
☞servare＝守る、保つ

名 予約
動 reserve　予約する

ホテルやレストラン・列車・映画館などの席の予約

□ **I'd like to make a dinner reservation.**
夕食の予約をしたいのですが。

□ **I'd like to reserve a table for tomorrow.**
明日の席の予約をしたいのですが。

appointment

[əpɔ́ɪntmənt]

語源 ap（～のほうへ）＋point（刺す、指す）

名（面会の）約束、予約、任命

人と会う約束のこと。主に面会の約束、病院や美容院での予約

□ **I have a 3 o'clock appointment at the dentist.**
3時に歯医者の予約があります。

□ **I'm sorry, but I have another appointment.**
すみませんが、別の約束があります。

promise

[prá:məs]

語源 pro（前に）＋
mise（置く）
☞mittere＝置く、投げる

名 約束
動 約束する

「相手の前に置くこと」が原義。言ったことを実行に移すための約束

☐ **Sorry, I couldn't keep my promise.**
ごめん、約束を守れなかった。

☐ **I promise to do my best.**
最善を尽くすことを約束します。

engagement

[ɪngéɪdʒmənt]

語源 en（中に）＋gage（誓い）

名（面会の）約束・予定、婚約
形 engaged　没頭している、婚約している

「誓約すること」が原義。会合などのための社交上の約束、文書での取り決めや、契約。破ることが許されないことに焦点がある

☐ **I have a previous engagement on Monday.**
月曜日は先約があります。

☐ **She is engaged in writing a book.**
彼女は本を書くことに没頭している。

48 休みにはどれを使う？

語源 re（後ろに）＋
st（立つ）
☞sta＝立つ、ある

名 休み、休息、残り
動 休む

活動後に何もせずに、体を休めたり眠ったりすること

☐ **You should get some rest.**
ちょっと体を休めたほうがいいです。

☐ **I'll rest and relax at home.**
家でゆっくり休みます。

語源 壊す

名 休憩、中断、短い休暇
動 壊す

しばしば飲食を取りながら、休憩のために活動を中断すること。時間の流れを壊すことが原義

☐ **Let's have a coffee break.**
コーヒー休憩を取りましょう。

☐ **I'll be in Hawaii during Christmas break.**
クリスマス休暇の間はハワイにいます。

recess

[rí:ses]

語源 re(後ろに)+cess(行く)

名 休会(期間)、休憩時間

「活動の場所から退くこと」が原義。活動の場所が学校なら「休憩時間」、議会なら「休会」、裁判なら「休廷」となる

☐ **His favorite things at school are art and recess.**
彼が学校で好きなことは、美術と休憩時間だ。

☐ **The Diet is in recess.**
国会は休会中です。

vacation

[veɪkéɪʃən]

語源 vac(空の) ☞wa/va=なくなる、捨てる

名 (長期)休暇、休み

「空にすること」が原義。本来は何もせずに体を休めること。holidayは「holy(神聖な)+day(日)」が語源で、日曜日や法的な祝日、休日

☐ **How did you spend your summer vacation?**
夏休みはどう過ごしましたか。

☐ **They took a trip to Spain during the Easter holidays.**
彼らはイースター休暇中にスペインを旅行した。

49 料金にはどれを使う？❶

語源 取り引きする、売る

名 値段、価格、（複数形で）物価

売り手が商品につける値段や価格

☐ **The price of butter has gone up.**
バターの値段が上がった。

☐ **Prices are soaring in Moscow.**
モスクワの物価は急騰（きゅうとう）している。

cost
[kɔ́ːst]

語源 co（共に）＋st（立つ）
☞sta＝立つ、ある

名 値段、費用、犠牲
動（費用が）かかる

「金額に相当するもの」が原義。購入・生産・維持のために算出された費用

☐ **What are your monthly living costs?**
あなたの1カ月の生活費はいくらですか。

☐ **How much does this watch cost?**
この腕時計はいくらですか。

expense
[ɪkspéns]

語源 ex（外へ）＋ pense（はかる）＝ spend（使う）
☞pendere＝つるす

名 出費、支出、経費
形 expensive　高価な

物を買ったり、サービスを受けたりした際にかかる費用。業務上必要な交通費や交際費など、一般的な意味での出費や支出

- ☐ **We need to cut down on our expenses.**
  経費を削減する必要がある。
- ☐ **I bought an expensive camera.**
  高価なカメラを買いました。

charge
[tʃɑ́ːrdʒ]

語源 荷車に荷物を積む
☞kers＝走る

名 料金、使用料、手数料
動 請求する、責める、充電する

駐車場の料金や電気代・ガス代など、一定のサービスに対して支払う手数料や使用料

- ☐ **There is a small charge for parking.**
  多少の駐車料がかかります。
- ☐ **Visitors are charged an entrance fee of €5.**
  観光客は5ユーロの入場料を請求されます。

49 料金にはどれを使う？❷

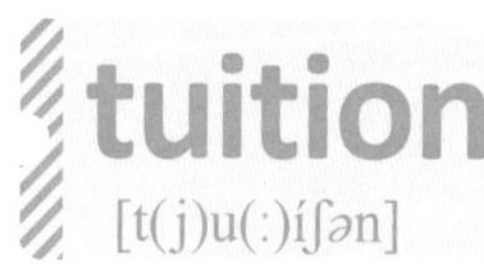

語源 tutor（面倒を見る）

名 授業料、授業

個人的に勉強の面倒を見る「家庭教師」はtutorで、tuitionは家庭教師や塾、学校などの授業料

☐ **How much is tuition at Tokyo University?**
東京大学の授業料はいくらですか。

☐ **I have private tuition in French.**
私はフランス語の個人授業があります。

語源 行くこと
☞per＝先に、導く

名（交通機関の）運賃・料金

列車・バス・タクシーなど公共の交通機関を利用した際に支払う料金

☐ **How much is the taxi fare to the airport?**
空港までのタクシーの運賃はいくらですか。

☐ **Exact fares, please.**
（バスの車掌が）お釣りのないようにお願いします。

fee
[fíː]

語源 領地

名 料金、会費、入会金

領地を守ってくれることに対する「領主への報酬」が原義。医者・弁護士・家庭教師などへ支払う謝礼や料金、大学の入学金、ジムなどの入会金、遊園地や美術館といった施設への入場料など

□ **How much is the entrance fee?**
入場料はいくらですか。

□ **How much is the fee for the gym?**
ジムの入会金はいくらですか。

toll
[tóul]

語源 通行税

名 通行料

道路や橋などの通行料

□ **That is a toll bridge.**
あれは有料橋です。

□ **You have to pay a toll to cross that bridge.**
あの橋を渡るには通行料を払わなければいけません。

50 料理、食事にはどれを使う？

語源 食べ物やエサを与える
☞pa＝エサを与える

名 食べ物、料理、食品

食べ物・食品・料理などの意味で幅広く使われる語。調理の有無を問わず、食べ物全てに使える語

☐ **What is your favorite food?**
好きな食べ物は何ですか。

☐ **I love Spanish food.**
私はスペイン料理が大好きです。

語源 皿

名 料理、食べ物、皿

「皿に盛りつけされた料理」が原義。食事の一部として、皿・鍋・お碗などの器に盛りつけられた個別の料理のこと

☐ **What is the main dish for the meal?**
食事の主菜は何ですか。

☐ **It was a rich and filling dish.**
こってりしてお腹がいっぱいになる料理でした。

meal
[míːl]

語源 定められた時間

名 食事、料理

「定時に取る食事」が原義。一般的には、朝(breakfast)・昼(lunch)・晩(dinner)の三食のこと。

- ☐ **He often eats between meals.**
  彼はよく間食する。
- ☐ **You should have a good meal.**
  食事を十分に取ったほうがいいです。

cuisine
[kwɪzíːn]

語源 料理法

名 料理法、料理

French cuisine（フランス料理）のように、国や地方特有の独特な料理のこと。特にホテルやレストランなどで出される高級料理のこと

- ☐ **Japanese cuisine is unique in every aspect.**
  日本料理は、あらゆる面でユニークです。
- ☐ **This restaurant is famous for its excellent cuisine.**
  このレストランは、すばらしい料理で有名です。

51 練習、訓練にはどれを使う？

practice

[prǽktɪs]

語源 行なう

名 練習、訓練、慣習
動 (～を)練習する

楽器やスポーツの技術習得や、完成を目指して繰り返し行なう練習のこと

☐ **Practice makes perfect.**
練習は完璧を生む。➡習うより慣れよ。

☐ **She practices the piano every day.**
彼女は毎日ピアノを練習する。

exercise

[éksərsàɪz]

語源 ex(外に)＋ercise(束縛)

名 練習、訓練、運動
動 運動する、～を運動させる

「束縛から解放されて動きはじめること」が原義。習得した技術の向上、発達のために頭や体を使って組織的に繰り返される練習や練習問題のこと。健康のために定期的にする運動の意味もある

☐ **There are exercises after each chapter.**
各章の後に練習問題がある。

☐ **Diet and exercise are important for health and longevity.** ダイエットと運動は健康と長寿にとって重要だ。

drill
[dríl]

語源 穴を開ける

名 練習、訓練、演習、ドリル
動 練習させる

指導者のもとで、習慣的・反射的にできるようになるまで何度も繰り返される練習

☐ **There was a fire drill at our school today.**
今日は学校で防火訓練があった。

☐ **Repetition drills are the simplest drills used in learning language patterns.** 反復練習は言語の文型を学ぶ際に利用される最も単純な練習だ。

training
[tréɪnɪŋ]

語源 train（引く）
☞trahere ＝引く

名 訓練、トレーニング

スポーツや専門的な技術の熟達のために、繰り返し行なわれる長期間に及ぶ訓練や練習

☐ **This job needs special training.**
この仕事は特殊な訓練が必要です。

☐ **I took an intensive training course in English.**
私は英語の集中コースを取りました。

52 給料、報酬にはどれを使う？❶

salary
[sǽləri]

語源 塩を買うために兵士たちに支払われた手当

名 給料

会社員や、特別な訓練を受けた専門職に就く人たちに支払われる給料。通例、月ごとに個人に支払われる給与。月によって変動しない定額が原則

☐ **Her annual salary increased 5 percent last year.**
昨年、彼女の年俸は5パーセントアップした。

☐ **How much is your monthly salary?**
あなたの月給はいくらですか。

pay
[péɪ]

語源 喜ばせる、満足させる

名 給料、報酬
動 支払う

あらゆる種類の労働に対して支払われる給料のことで、最も一般的でくだけた語。「給料日」はpayday

☐ **Every worker should get equal pay for equal work.**
あらゆる労働者は平等の労働に対して平等の給料を得るべきだ。

☐ **How much did you pay for this watch?**
この時計にいくら払いましたか。

wage

[wéɪdʒ]

語源 誓い、約束

名 賃金、給料、報酬

単純労働に対して、時間単位で計算され、日ごと、または週ごとに支払われる給料。語源のwed（誓う）から生まれた語がwedding（結婚式）

☐ **What is the minimum hourly wage in Tokyo?**
東京の最低時給はいくらですか。

☐ **They accepted a 4 percent wage raise.**
彼らは4パーセントの賃金アップを受け入れた。

reward

[riwɔ́ːrd]

語源 re（後ろを）＋ward（見守る）

名 報酬、謝礼、報奨金
動 ～にほうびを与える

人の行ないを注意深く見ることが原義で、それが人の功績や功労などに対する報酬や、ほうびの意味に発展した語

☐ **She deserves a reward for her efforts.**
彼女の努力は報奨に値する。

☐ **Her efforts were rewarded with success.**
彼女の努力は成功で報われた。

52 給料、報酬にはどれを使う？❷

income
[ínkʌm]

語源 in（中に）＋ come（来る）

名 収入、所得

「中に入ってきたもの」が原義。労働や投資などによって得た収入。「所得税」はincome tax、「臨時収入」はunexpected income

☐ **I have to manage on a low income.**
私は低収入でやりくりしなければならない。

☐ **Her annual income is larger than mine.**
彼女の年収は私より多い。

earnings
[ə́ːrnɪŋz]

語源 収穫

名 所得、事業収益
動 earn～を稼ぐ、～を得る

労働によって得た収入、または企業が特定の期間に事業によって得た収益

☐ **His earnings are not enough to support his family.**
彼の所得は家族を養うのに十分ではない。

☐ **How do you earn your living?**
生計はどうやって立てていますか。

スッキリわかる！

形容詞・副詞のニュアンス大全

01 明らかなにはどれを使う？

語源 明るく澄んだ

形 明らかな、わかりやすい、澄んだ、明快な
動 片付ける、取り除く

不純物や邪魔するものがなく、澄んでいてわかりやすいこと。clear waterは単に「透き通った水」のことで「飲み水」にはならない

☐ **It is clear that he is lying.**
彼が嘘をついているのは明らかだ。

☐ **The water in the lake is clear enough to see the bottom.**
湖の水はきれいで底が見える。

語源 ob（向かって）＋vi（道）
☞wegh＝乗り物で移動する

形 明らかな、明白な
副 obviously　明らかに

進む道に向かって何かがあるように、隠れている部分がなく、誰が見てもすぐにわかる明白な状態

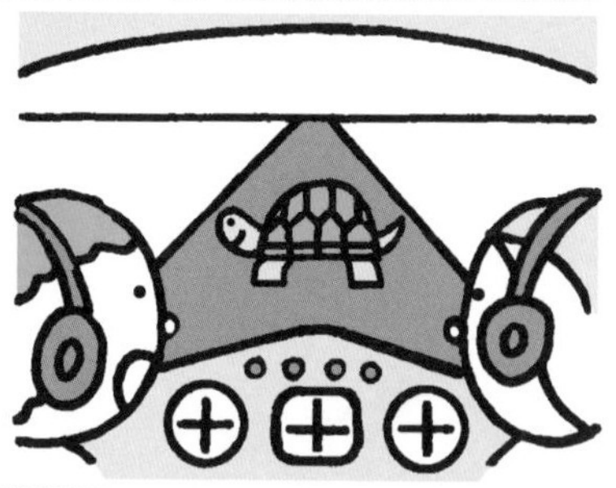

☐ **It is obvious that you're lying.**
君が嘘をついているのは明白だ。

☐ **It is obvious that the object is a turtle.**
その物体がカメであるのは明らかだ。

evident

[évədənt]

語源 e（外に）＋
vide（見る）
☞videre＝見る
→weid＝見る、見える

形 明白な
名 evidence　証拠

外に現れている事実から推論して明白な状態

☐ **It is evident that she is innocent.**
彼女が無実なのは明白だ。

☐ **There is no scientific evidence to support it.**
それを支持する科学的な証拠はない。

apparent

[əpǽrənt]

語源 ap（～のほうへ）＋
par（見える、現れる）

形 明白な、外見上の
動 appear　現れる、～のようだ
名 apparition　出現、幻、幽霊

外面的な状況から、そうであることが明白な状態

☐ **It is apparent that it's a ghost.**
それが幽霊なのは明らかだ。

☐ **It appears that she wants to leave.**
彼女は帰りたがっているようだ。

02 不明確な、はっきりしないにはどれを使う？

obscure

[əbskjúər]

語源 ob（上を）＋
scure（覆う）
☞(s)keu＝覆う、隠す

形 はっきりしない、ぼやけた
動 見えなくする、わかりにくくする

「上から覆われている」が原義。全体がぼんやり霞(かす)んでいて見えにくく、はっきりしないというニュアンス

☐ **Her answer was obscure and confusing.**
彼女の答えははっきりせず、混乱させるものだった。

☐ **The view is obscured by fog.**
景色は霧で見えなくなっている。

ambiguous

[æmbígjuəs]

語源 ambi（周囲に）＋
igu（動かす）

形 あいまいな、不明瞭な
名 ambiguity　あいまいさ、意味のあいまいな表現

偶然か故意かは問わず、2通り以上の解釈ができるために、はっきりしないというニュアンス

☐ **His explanation is ambiguous.**
彼の説明はあいまいだ。

☐ **There was some ambiguity in what she said.**
彼女が言ったことには、ややあいまいさがあった。

equivocal

[ɪkwívəkl]

語源 equ（等しい）＋
voc（声）
☞vocare＝呼ぶ

形 あいまいな、はっきりしない

「同じような声の」が原義。どちらにも解釈ができるように、意図的にはっきりさせないというニュアンスがある

☐ **Don't give me an equivocal answer.**
あいまいな答えをしないで。

☐ **There is nothing equivocal about her.**
彼女には、あいまいなところは全くない。

vague

[véɪg]

語源 さまよう、
ぼんやりとした

形 あいまいな、ぼんやりした
副 vaguely　ぼんやりと、漠然と、かすかに

伝える側が、言いたいことを正確に説明できなくて、はっきりしない、というニュアンスがある

☐ **His instructions are rather vague.**
彼の指示は、かなりあいまいだ。

☐ **You can vaguely see the moon in the sky.**
空に月がかすかに見えます。

03 田舎のにはどれを使う？

語源 開かれた土地

形 田舎の、田園の、農村の

地理的な意味での「都会」に対しての「田舎の」。田舎を思い起こさせるような空間。「部屋」のroomと同じ語源

□ **I prefer a rural life to an urban life.**
都会の生活より田舎の生活のほうがいいです。

□ **Prices are lower in rural areas.**
田舎の物価のほうが安い。

語源 開かれた土地

形 田舎の、田園の

素朴なイメージで、どちらかというと粗野だというニュアンスの語

□ **He is a rustic fellow.**
彼は田舎者です。

□ **I'm staying in a rustic old lodge.**
今、田舎の古い小屋に泊まっています。

04 都会のにはどれを使う？

語源 都市の

形 都市の、都会の
名 suburb　郊外

ローマのような都市が原義。地理的な意味での「田舎」に対しての「都会の」

☐ **It's hard to find jobs in urban areas.**
都会での就職は難しい。

☐ **I want to live in the suburbs of Tokyo.**
私は東京の郊外に住みたい。

urbane
[əːrbéɪn]

語源 都市の

形 洗練された、垢抜(あかぬ)けた

都会的なセンスがあるという肯定的なニュアンスの語

☐ **I was impressed by his urbane manners.**
私は彼の洗練された物腰に感銘を受けた。

☐ **He was really an urbane and charming man.**
彼は本当に垢抜けて魅力的な男性だった。

05 大きいにはどれを使う？❶

big
[bíg]

語源 偉大な、力強い

形 大きい、重要な、すごい、年上の

子供が自分よりも大きな人形を見てびっくりするように、主観的・感覚的に、ものや人が大きいことを表す

☐ **Los Angeles is the biggest city in California.**
ロサンゼルスはカリフォルニアで一番大きな都市だ。

☐ **She was a big fan of Matsuda Seiko.**
彼女は松田聖子の大ファンだった。

large
[lά:rdʒ]

語源 長い、幅の広い

形 大きい、広い、（数や量が）多い

客観的に、同種の物と比べて平均的に大きい、広い

☐ **How large is the population of this country?**
この国の人口はどれくらいですか。

☐ **A large coke, please.**
コーラのLサイズをください。

vast
[væst]

語源 さえぎる物が何もない
☞wa/va＝なくなる、捨てる

形 広大な、(数・量・程度が) 莫大な・膨大な

砂漠や大平原のような、さえぎる物がない広大な場所を表す

☐ **The population of this island has been increasing in vast numbers.** この島の人口はおびただしく増加している。

☐ **What a vast desert!**
なんて広大な砂漠だろう！

immense
[ɪméns]

語源 im(でない)＋mense(はかる)

形 (推測できないほど) 巨大な、計り知れない

名 immensity　巨大、無限の空間

測ることができないほどサイズが大きいこと

☐ **She is an artist of immense talent.**
彼女は計り知れない才能を持ったアーティストだ。

☐ **I was surprised at the immensity of the church.**
その教会の巨大さにびっくりした。

05 大きいにはどれを使う？❷

enormous

[ɪnɔ́ːrməs]

語源 e（外に）＋ norm（定規、ノルマ）

形（通常の物と比べて）非常に大きい、巨大な、莫大な、ひどい
名 enormity　巨大さ

定規では測定できないほど、通常と比べて大きいことで、ネガティブな意味でも使われる

- □ **Look at that enormous mosquito.**
  あの巨大な蚊を見て。
- □ **The enormity of the crime is incredible.**
  その犯罪の非道さは信じられないものだ。

gigantic

[dʒaɪgǽntɪk]

語源 giant（巨人）

形 巨大な、膨大な
名 giant　巨人、大組織

巨人のように大きいこと

- □ **She owns a gigantic house in the suburbs of London.**
  彼女はロンドン郊外に巨大な家を所有している。
- □ **She caught a giant fish in the lake.**
  彼女は湖で巨大魚を捕まえた。

06 小さいにはどれを使う？

small

[smɔ́:l]

語源 小さい、狭い、細い

形 小さい

客観的に同種の物と比べて、平均的に小さい、狭い

□ **This shirt is too small for me.**
このシャツは私には小さすぎる。

□ **A small coke, please.**
コーラのSサイズをください。

little

[lítl]

語源 小さい、少量の

形 小さい、少しの、ささいな、取るに足らない

主観的・感情的に、物や人が「可愛らしく小さいこと」を表すが、逆に「ささいな」という否定的な意味にも使う

□ **He lives in a beautiful little village.**
彼はこぢんまりとした美しい村に住んでいる。

□ **Don't worry about such a little thing.**
そんなささいなことで心配しないで。

07 静かなにはどれを使う？

silent
[sáɪlənt]

語源 音がない

形 静かな、無言の、音を立てない
名 silence　静けさ、沈黙、音信不通

動きがあったとしても、黙っていたり、全く音を立てなかったりする状態

☐ **The audience fell silent when the President appeared.**
大統領が姿を現すと、聴衆は静かになった。

☐ **He uses the right to remain silent.**
彼は黙秘権を使っている。

quiet
[kwáɪət]

語源 じっとしている

形 静かな、音を立てない、大人しい
名 静けさ、静寂

人や物の動きがなく余計な音や心の動揺がないことで、永続的な静けさというニュアンスがある。人に使う場合は、感情的になることのない、控えめで口数が少ない態度を表す

☐ **The church was quiet and peaceful.**
教会は静かで穏やかであった。

☐ **He is a very quiet boy.**
彼はとても大人しい少年です。

still

[stíl]

語源 置く→動かない

形 静かな、じっとしている
副 まだ、依然として

音や動きが全くなく静まり返っていることで、一時的な静けさのニュアンスがある

☐ **Keep still while I shave your beard.**
ひげをそっている間はじっとしててください。

☐ **The coffee is still hot.**
コーヒーはまだ熱い。

calm

[káːm]

語源 日中の暑さ→静止状態

形 静かな、穏やかな、落ち着いた
動 落ち着く
名 静けさ、穏やかさ

風のない穏やかな天気や、海に波が立たず穏やかなこと。人の態度が落ち着いて穏やかなこと

☐ **It was a calm, clear, beautiful day.**
穏やかに晴れた、すばらしい一日であった。

☐ **Calm down.**
落ち着いて。

面白いにはどれを使う？

interesting
[íntərəstɪŋ]

語源 inter（間に）＋est（ある）

形 面白い、興味を引き起こす
形 interested　興味を持って
名 interest　興味、利子

「間に入って利害が生じる」が原義。知的好奇心や興味を引く面白さ

□ **I found this novel very interesting.**
この小説は読んでみたら、とても面白かった。

□ **I'm interested in Picasso.**
私はピカソに興味がある。

funny
[fʌ́ni]

語源 fun（楽しみ）

形 おかしい、面白い、奇妙な
名 fun　楽しみ、面白み
形 楽しい

コミカルでユーモアがあり、笑いを誘う面白さ

□ **What's so funny?**
何がそんなにおかしいの？

□ **That sounds like fun.**
それは面白そう。

amusing

[əmjúːzɪŋ]

語源 a(～のほうへ)＋muse(歌や音楽の女神のミューズ)

形 面白い、愉快な、楽しい

名 amusement　楽しさ、面白さ、遊び

遊園地が持つ楽しさのように、funnyの「笑いを誘う面白さ」と「楽しさ」を合わせたもの

☐ **His story was very amusing.**
彼の話はとても面白かった。

☐ **We had a fun time at the amusement park.**
私たちは遊園地で楽しい時を過ごした。

exciting

[ɪksáɪtɪŋ]

語源 ex(外に)＋cite(呼ぶ)

形 面白い、ワクワクさせる

形 excited　ワクワクする、興奮する

「感情を外に出す」が原義。刺激・興奮・スリルなどを引き起こすほどの面白さ

☐ **What was the most exciting scene in that movie?**
その映画で一番面白かった場面はどこですか。

☐ **We were excited at the news.**
私たちは、その知らせにワクワクした。

09 愚かなにはどれを使う？

語源 fool（膨れた頭）☞bhel＝膨れる

形 愚かな、ばかげた
名 fool　ばか者
動 ～だます

「空の頭」が原義。思慮分別や判断力、常識に欠けること。4月1日のApril Fool's Dayのfoolは「ばかにされる人」の意味

☐ **Don't say such a foolish thing.**
そんな愚かなことは言わないで。

☐ **Don't be fooled by appearances.**
外見にだまされてはいけない。

語源 幸せな→無邪気な

形 愚かな、ばかな

「無邪気でおめでたい」が原義。やることが子供じみていて愚かなこと。子供に対して使うと優しく響くが、大人に対して使うとばかにした気持ちが強くなる

☐ **He tends to act silly when he drinks.**
彼はお酒を飲むと愚かな振る舞いをしがちだ。

☐ **Don't ask me such a silly question.**
そんなばかな質問はしないでください。

stupid

[st(j)úːpəd]

語源 頭をぶつけて意識を失う

形 愚かな、ばかげた
名 stupidity　愚かさ、ばかげた考え、愚行

思慮分別や判断力に欠け、知能が低く、物覚えが悪いこと

☐ **How stupid of him to make the same mistakes!**
同じ間違いを何度も犯すとは、彼はなんて愚か者だ！

☐ **I can't believe his stupidity.**
彼の愚行は信じられない。

ridiculous

[rɪdíkjələs]

語源 ridicule（あざける）

形 ばかげた、おかしな
動 ridicule　～をあざける
名 あざけり

行動や外見が、嘲笑を買うほどばかげていること

☐ **You look ridiculous in a dress like that.**
そんなドレスを着ると、ばかみたいだよ。

☐ **I don't want to be an object of ridicule.**
あざけりの対象にはなりたくない。

10 賢いにはどれを使う？❶

wise
[wáɪz]

語源 見る、知っている ☞weid＝見る、見える

形 賢い、賢明な
名 wisdom　知恵、賢明

「物事がよく見えてわかる」が原義。知識や経験が豊富で、広い視野と適格な判断力に富み、賢明であること

☐ **It might be wise of you to avoid studying abroad next year.**　来年、留学するのを避けるとは、あなたは賢明かもしれない。

☐ **I had my wisdom teeth pulled out.**
親知らず（知恵歯）を抜いてもらった。

clever
[klévər]

語源 手先が器用な

形 （英）頭がよい、巧妙な、器用な

生まれ持った飲み込みの早さ、問題の対処がうまく頭の回転が速いこと

☐ **He may well be proud of his clever son.**
彼が賢い息子を自慢するのも、もっともだ。

☐ **He is clever with his hands.**
彼は手先が器用だ。

smart

[smáːrt]

語源 こする→ヒリヒリ痛む→鋭い

形 (米)頭のよい、(ずる)賢い、(身なりが)きちんとした

物覚えがよく、頭の回転が速いこと。スマートフォン(smart phone)は「賢い電話」

☐ **He is smarter than his big brother.**
彼はお兄さんよりも頭がよい。

☐ **You look smart in that dress.**
そのドレスはすてきに見えますね。

bright

[bráɪt]

語源 輝く

形 頭のよい、巧みな、明るい

特に成績のよい生徒に対して使う

☐ **His son is one of the brightest kids in the class.**
彼の息子は、クラスで最も頭のよい生徒の一人です。

☐ **She has a bright personality.**
彼女は明るい性格です。

10 賢いにはどれを使う？❷

sharp

[ʃɑ́ːrp]

語源 切れる→鋭い
☞sker＝切る

形 頭の切れる、抜け目のない、鋭い

cleverやsmartよりも頭の回転の速さを暗示する。計算や切り返しが速く抜け目がないこと

☐ **She has a sharp mind.**
彼女は頭脳明晰だ。

☐ **Be careful with that sharp blade.**
その鋭い刃に気をつけて。

brilliant

[bríljənt]

語源 bril（輝く）

形 非常に優秀な、すばらしい、輝く

人並外れて知能レベルが高く、称賛の対象になる大人に対して使う。輝きを放っているイメージの単語

☐ **She is known as a brilliant musician.**
彼女は非常に優秀な音楽家として知られている。

☐ **What is that brilliant star?**
あの輝く星は何ですか。

語源 intel（間から）＋
lect（集める、選別する）
☞leg＝集める、選ぶ

形 知的な、聡明な
名 インテリ
名 intellect　知性、知識人

教育や教養を積んだ結果、高度な知識や能力を持ったことを表す

□ **I'm going to lead an intellectual life.**
私は知的生活を送るつもりです。

□ **The author is known for her intellect.**
その著者は知識人として知られている。

intelligent
[ɪntélɪdʒənt]

語源 intel（間から）＋
lig（集める、選別する）
☞leg＝集める、選ぶ

形 知能の高い、理解力のある
名 intelligence　知能、理解力、諜報機関

生まれながらにして理解力や習得能力があること

□ **The dolphin is an intelligent animal.**
イルカは知能が高い動物だ。

□ **AI stands for "artificial intelligence."**
AIは「人工知能」のことである。

hard

[hɑ́ːrd]

語源 かたい

形 かたい、難しい、熱心な、厳しい
副 熱心に、しっかりと

圧力・破壊・切断などに耐え、突き通すことができないかたさ

□ **Diamond is probably the hardest substance.**
ダイヤモンドはおそらく一番かたい物質だ。

□ **Global warming is a hard problem to solve.**
地球温暖化は解決の難しい問題です。

difficult

[dífɪkəlt]

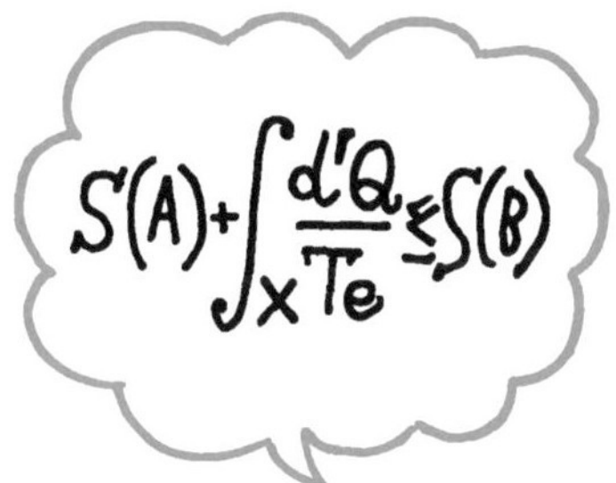

語源 dif（でない）＋fic（する）→できない
☞facere＝する、作る

形 難しい、扱いにくい
名 difficulty　困難、難しさ

「することができない」が原義。慎重さや、相当な努力を必要とするなど、知的あるいは技術的に難しいこと

□ **It is difficult to master Chinese.**
中国語を習得するのは難しい。

□ **I found your house without difficulty.**
難なくあなたの家を見つけられました。

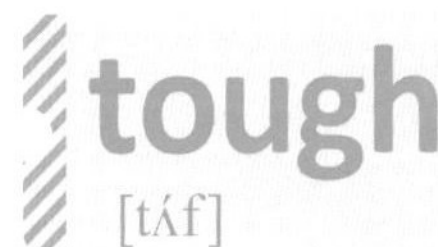

tough

[tʌ́f]

語源 噛む

形 難しい、骨の折れる、丈夫な、(肉が)かたい

肉や食べ物がかたくて噛みにくい状態。この意味でのtoughの対義語はtender(やわらかい)

□ **The beef is so tough I can't cut it with my knife.**
牛肉がかたくてナイフで切れない。

□ **It's a tough decision to make.**
それを決めるのは難しい。

complicated

[kɑ́ːmpləkèɪtɪd]

語源 com(共に)+pli(折る、織る)
☞pel=重ねる、折る

形 複雑な、難しい
動 complicate　～を複雑にする

「重ね合わせる」が原義。複雑なジグソーパズルのように非常に込み入っていて、解決や処理をするのが難しいこと。理解しにくいというニュアンスがある

□ **Your explanation is too complicated.**
あなたの話は複雑すぎる。

□ **Don't complicate the situation.**
事態を複雑にしないで。

stiff
[stíf]

語源 詰め込んだ

形 かたい、曲がりにくい

重労働をした後に、全身が痛くて動かせなくなるほど凝りかたまるというニュアンスがある

- [ ] **She has a stiff neck from sleeping wrong.**
  彼女は寝違えて首が動かせない。
- [ ] **I have stiff shoulders.**
  肩が凝っています。

solid
[sɑ́ːləd]

語源 全体

形 かたい、固体の、頑丈な
名 固体

liquid（液体）の対義語。液体がかたまった状態のこと。かたまった物には穴や隙間がなく、中身が均質で頑丈なニュアンスがある

- [ ] **The lake was frozen solid.**
  湖はかたく凍っていた。
- [ ] **Her baby can't eat solid food yet.**
  彼女の赤ちゃんはまだ固形食を食べられない。

語源 安定した、強い

形 かたい、引き締まった、ぐらつかない
名 (小規模な)会社

腕の力こぶのように、素材の組織が密な状態で、押したり圧を加えたりしてもすぐに元通りになる性質を持ち、位置や形が容易には変わらないというニュアンスがある

☐ **Hold the rope with a firm grip.**
ロープをしっかり握って。

☐ **She has a firm belief in ghosts.**
彼女は幽霊の存在をかたく信じている。

語源 かたい

形 かたい、柔軟性のない、厳格な

stiffよりもかたく、氷や鉄骨など、強い力を加えると折れてしまうような柔軟性のないかたさを表す。厳格で融通性のない規則などに使うことが多い

☐ **He is too rigid in his ideas.**
彼の考え方はかたすぎる。

☐ **Our school rules are too rigid.**
私たちの校則は厳しすぎる。

12 空っぽのにはどれを使う？

empty

[émpti]

語源 暇な
→空いている

形 空っぽの、むなしい
動 ～を空っぽにする、空になる

容器や空間に何も入っていないこと

□ **I opened the box to find it empty.**
箱を開けたら空だった。

□ **Will you empty the water out of the tub?**
浴槽の水を空にしてくれる？

vacant

[véɪkənt]

語源 vac（空の）
wa/va＝なくなる、捨てる

形 空いている、使用されていない、空席の
名 vacancy　空室、空席

場所や施設を利用する人がいないこと

□ **This hotel has no vacant rooms.**
このホテルには空き室がない。

□ **No vacancies.**
満室。

hollow
[há:loʊ]

語源 覆われた

形 空っぽの、空洞の、くぼんだ
名 くぼみ、くぼ地、谷間

中が空洞になっていて何もないこと

☐ **The tree truck was hollow.**
その木の幹は空洞だった。

☐ **We enjoyed walking in the hollow.**
私たちは谷間の散歩を楽しんだ。

blank
[blæŋk]

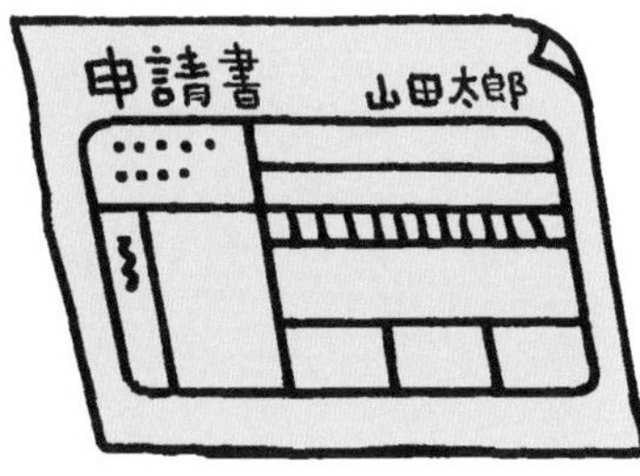

語源 白い

形 白紙の、空っぽの、無表情の
名 空欄

ある面に文字やしるし、飾るものなどが全くないこと。blanketは「白く小さいもの」から「毛布」に

☐ **My mind went blank.**
頭が真っ白になった。

☐ **Fill in the blanks.**
空欄を埋めなさい。

13 横柄な、頑固なにはどれを使う？

arrogant
[ǽrəgənt]

語源 ar（～のほうへ）＋roga（尋ねる）

形 横柄な、無礼な
名 arrogance　傲慢、尊大

自分を高く評価しすぎるがゆえに、相手を見下すような態度を取ること

☐ **Why is he always so arrogant?**
どうして彼は、いつもそんなに横柄なのだろう。

☐ **I can't stand his arrogance.**
彼の横柄さには我慢がならない。

haughty
[hɔ́:ti]

語源 高い

形 高慢な、横柄な

自分を高く評価し、自分よりも劣る者に対して無作法で軽蔑的な態度を取ること。いわゆるお高くとまっている状態

☐ **He is haughty and difficult to talk to.**
彼は横柄で話しにくい。

☐ **He's always talking in a haughty tone of voice.**
彼はいつも高慢な口調で話す。

stubborn

[stʌ́bərn]

語源 stub（切り株）のように動かない

形 頑固な、しつこい

筋を通さず不合理に、強引に自分を通そうとする生まれ持った性格

☐ **He is too stubborn to apologize.**
彼は頑固で謝ることができない。

☐ **How can I get rid of this stubborn cough?**
このしつこい咳は、どう治せばいいのだろう。

obstinate

[ɑ́:bstənət]

語源 ob（向かって）＋sti（立つ）
☞sta＝立つ、ある

形 頑固な、強情な

説得に耳を貸さず、自分の意見に固執しようとすること。生来の性格ではない

☐ **He was as obstinate as a mule.**
彼はラバのように頑固だった。➡彼は非常に頑固だった。

☐ **Don't be so obstinate.**
そんなに頑固にならないで。

14 簡単なにはどれを使う？

語源 休む、横になる

形 簡単な、安楽な
名 ease　安楽、容易

ほとんど努力を必要としないこと

□ **The test was as easy as pie.**
テストはパイを食べるように簡単でした➡テストは楽勝でした。

□ **Take it easy.**
じゃあね。

語源 sim（一つ、同じ）＋ple（重ねる）
☞pel＝重ねる、折る

形 簡単な、単純な、全くの

「1回だけ重ねる」が語源。複雑でなく込み入っていないこと。考えればすぐにわかること

□ **I'll ask you just one simple question.**
一つだけ簡単な質問をします。

□ **The answer to the question is simple.**
質問への答えは簡単です。

plain
[pléɪn]

語源 平らな
☞pele＝平たい、広げる

形 簡単な、わかりやすい、飾り気のない
名 平原(plains)

余分なものや飾るものがなくて、すっきりとわかりやすいこと

☐ **Explain it in plain English.**
わかりやすい英語で説明してください。

☐ **I like plain yogurt.**
プレーンヨーグルトが好きです。

facile
[fǽsil]

語源 fac(する)＋ile(できる)
☞facere＝する、作る

形 容易な、安易な、(口が)すらすら動く、流暢(りゅうちょう)な

あまりにも易しすぎて、手ごたえがないほど簡単なこと

☐ **It was a facile victory.**
楽勝でした。

☐ **He gave a facile answer.**
彼は安易に答えた。

15 汚いにはどれを使う？

語源 食卓に置かれた物 ☞mittere＝置く、投げる

形 汚い、散らかった
名 mess　混乱、散乱
動 散らかす

たとえば食事の後に、食器などが片付いておらず、乱雑に散らかった状態

□ **His room is always messy.**
彼の部屋はいつも散らかっている。

□ **Her room is always in a mess.**
彼女の部屋はいつも散らかっている。

dirty
[dә́ːrti]

語源 排泄物

形 汚い、下品な
名 dirt　汚れ、泥、ほこり

表面が泥やほこりで汚れていること。行ないが卑劣で不快なことも表す

□ **Wash your dirty hands.**
汚い手を洗いなさい。

□ **Your face is black with dirt.**
あなたの顔は泥で真っ黒ですよ。

16 きれいなにはどれを使う？

neat
[ní:t]

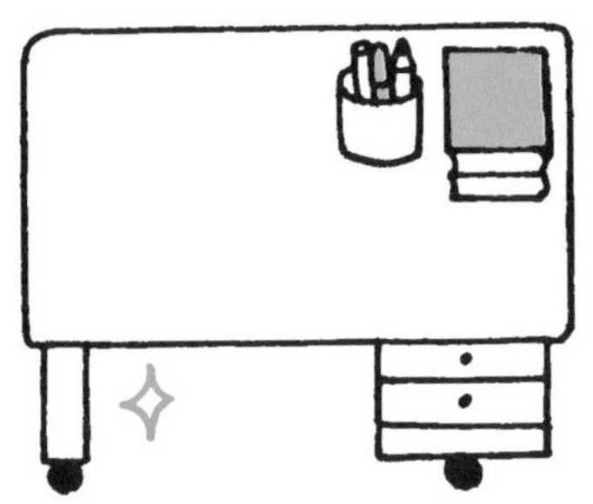

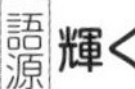

語源 輝く

形 整頓された、さっぱりした、きれい好きな

場所やもの、人の外見などが清潔で余分なものがなく、さっぱりした状態

□ **His clothes are always neat and clean.**
彼の服はいつもきれいで清潔です。

□ **Always keep your room neat.**
いつも部屋をきれいにしておきなさい。

clean
[klí:n]

語源 純粋な

形 清潔な、きれいな
動 きれいにする、掃除する

泥や汚れがなく衛生的できれいなこと。clear waterは、単に「透き通った水」だが、clean waterなら「衛生的な水」のことで、飲むことができる

□ **The water in the lake is clean enough to drink.**
この湖の水は清潔なので飲むことができる。

□ **I clean my room every day.**
毎日部屋の掃除をします。

17 緊急のにはどれを使う？

語源 press（押す）
☞per＝先に、導く

形 差し迫った、急を要する

「押している」が原義。早急に議論の対象にして対処されるべき状態

☐ **The most pressing question is what we should do next.**
最も差し迫った問題は、私たちが次に何をするかということだ。

☐ **There is a pressing need for blood donations.**
献血の必要性が急を要している。

語源 迫る

形 緊急の、急を要する
動 urge　～を急き立てる
名 衝動

「急き立てられて」が原義。重要性があり、早急に対処されるべき状態

☐ **We were in urgent need of a vaccine for the novel coronavirus.**
私たちは、新型コロナウイルスのワクチンを緊急に必要としていた。

☐ **I had a strong urge to run away.**
私は逃げ出したいという強い衝動にかられた。

impending

[impéndiŋ]

語源 im（上に）＋
pend（つるす）
☞pendere＝つるす

形 差し迫った

「上にぶら下がっている」が原義。好ましくないことが今にも起こりそうな状態

□ **There are rumors of an impending merger.**
合併が差し迫っているという噂がある。

□ **It may be a sign of impending earthquake.**
それは差し迫った地震の兆候かもしれない。

imminent

[ímənənt]

語源 im（上に）＋
min（突き出る）
☞men＝突き出る

形 今にも起こりそうな、切迫した

「上から突き出ている」が原義。嫌なことが今にも起こりそうな状態。impendingより緊急性がある

□ **War is imminent in that country.**
その国では戦争が今にも起こりそうだ。

□ **The company is in imminent danger of bankruptcy.**
その会社は今にも倒産する危機にある。

18 湿ったにはどれを使う？

wet
[wét]

語源 水

形 ぬれた、湿気のある
動 ～をぬらす

dry（乾燥した）の対義語で、水・涙・汗、その他の液体でぬれていること

□ **I got wet to the skin in the rain.**
雨でびしょぬれになった。

□ **Cats don't like to wet their paws.**
ネコは足をぬらすのを嫌がる。

damp
[dǽmp]

語源 炭坑の有毒な蒸気

形 湿っぽい、じめじめした

天気・布団・部屋・衣服など、本来は乾燥していることが望ましいものが、湿っていて不快だというニュアンスがある。「梅雨時の天気」はdamp weather

□ **My shirt is still damp.**
私のシャツはまだ湿っぽい。

□ **I hate damp weather.**
私は湿った天気が嫌いだ。

語源 低い、大地

形 湿気の多い、高温多湿の
名 humidity　湿度、湿気

空気が湿ってムシムシすること

☐ **I'm sick of this humid weather.**
このむし暑い天気はうんざりです。

☐ **How high is today's humidity?**
今日の湿度はどれくらいですか。

語源 新鮮な

形 湿った、しっとりした
名 moisture　水分、湿気

乾燥しすぎでもなく湿りすぎでもなく、適度に湿っていること。心地よいというニュアンスがある

☐ **This cake is moist and delicious.**
このケーキはしっとりして、とてもおいしい。

☐ **Moisture is essential for keeping your hair healthy.**
水分は髪を健康的に保つのに不可欠です。

19 十分なにはどれを使う？

enough
[inʌ́f]

語源 そばまで到達する

形 十分な
名 十分な量（数）
副 十分に

「十分なこと」を表す最も一般的な語。必要とする数量より、多くも少なくもないこと

☐ **Five hundred yen is enough for lunch.**
昼食代は500円で十分です。

☐ **I've had enough.**
もう十分いただきました。

adequate
[ǽdɪkwət]

語源 ad（のほうへ）＋ equ（等しい）

形 十分な、満足できる程度の

必要最低限を満たしていること。不足してはいないことに焦点がある

☐ **This house is adequate enough for us to live in.**
この家は私たちが暮らすのに十分だ。

☐ **My exam results were adequate.**
試験の結果はまずまずだった。

ample
[æmpl]

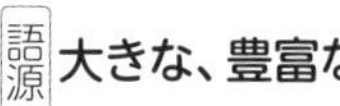

語源 大きな、豊富な

形 十分な、広々とした

必要な数量よりも余分にあること

☐ **There is ample parking at the shopping mall.**
そのショッピングモールには広々とした駐車場がある。

☐ **We have ample time for shopping and sightseeing.**
私たちにはショッピングと観光の時間が十分あります。

sufficient
[səfíʃənt]

語源 suf（下から上に）＋ fic（作る）
☞facere＝する、作る

形 十分な、足りる

enoughとほぼ同義だが、改まった場面で使われる語。要求や必要を満たす十分な数量があり、なくなる懸念がないというニュアンスがある

☐ **There is sufficient food for everyone.**
みんなに行き渡る十分な食料がある。

☐ **The recipe is sufficient for five people.**
このレシピは、ゆうに5人分はあります。

20 正確なにはどれを使う？

correct

[kərékt]

語源 cor（完全に）＋rect（まっすぐな）
☞reg＝まっすぐに、導く

形 正しい、正確な
動 ～を修正する

誤りや欠点がなく正確な様子。答えが一つしかないことに焦点がある

☐ **Am I speaking correct English?**
私は正しい英語を話していますか。

☐ **Please correct my English if you find any mistakes.**
間違いがあれば直してください。

accurate

[ǽkjərət]

語源 ac（～のほうへ）＋cure（注意する）
☞curare＝注意する

形 正確な、間違いのない
名 accuracy　正確さ、的確さ

細心の注意を払う努力によって得られた情報や、計算の正確さ。correctよりも細部まで正確だというニュアンスがある

☐ **My watch is more accurate than yours.**
私の時計のほうが君のより正確だ。

☐ **The accuracy of the report is in doubt.**
報告書の正確さは疑わしい。

語源 pre（前もって）＋cide（切る）

形 正確な、精密な、几帳面な
副 precisely　正確に、ちょうど

情報の細部に関して正確な様子。注意を払いすぎるというネガティブなニュアンスもある

- □ **The precise location of the crash is unknown.**
  その墜落事故の正確な位置はわかっていない。
- □ **The train departed precisely at noon.**
  列車はちょうど正午に出発した。

語源 ex（外に）＋act（行なう）→押し出す→終わらせる→測る

形 正確な、厳密な
副 exactly　正確に、まさしく

時間・数量・質などの計測が極めて正確な様子。寸分たがわず正確なこと

- □ **Tell me the exact time.**
  正確な時間を教えてください。
- □ **You are the exact image of your mother.**
  あなたはお母さんに瓜二つですね。

21 普通の、標準のにはどれを使う？

語源 com（共に）＋mon（換える）

形 普通の、ありふれた、共通の

日常どこででも見聞きしたり起こったりすることで、他と比べて特徴がなく、平凡でありふれていること。ありふれていることを強調するのがcommonplace

□ **The most common family name in Japan is Sato.**
日本で一番多い名字は佐藤です。

□ **They have nothing in common.**
彼らには共通点がない。

語源 order（順番）☞ar＝つなぎ合わせる

形 普通の、ありふれた
形 extraordinary　並外れた、驚くべき

「順番通りの」が原義。他のものと比べて特別なところがなく、横並びで普通なこと

□ **This food seems pretty ordinary.**
この食べ物はごく普通に見えます。

□ **She has an extraordinary talent for music.**
彼女は音楽に並外れた才能がある。

normal

[nɔ́ːrml]

語源 物差し

形 標準の、普通の
副 normally　普通は、普通に

かつて二輪馬車の大工が使っていた「物差し」が原義。平均的であることに焦点がある

☐ **What is your normal temperature?**
あなたの平熱は何度ですか。

☐ **Normally, it takes about 30 minutes to get to school.**
普通は学校まで約30分かかります。

regular

[régjələr]

語源 王様の規則
☞reg＝まっすぐに、導く

形 標準の、通常の、規則正しい
副 regularly　いつも、定期的に

「王様が決めた規則」が原義。間隔が規則正しいことに焦点がある

☐ **What is your regular exercise routine?**
いつもは、どんな運動をしますか。

☐ **We regularly meet once a week.**
私たちは週に1回、定期的に会う。

22 主な、特別なにはどれを使う？

main

[méɪn]

語源 力を持った

形 主な、主要な

企業の「本店(the main office)」のように、あるものを構成する部分の中で、大きさや重要度が最高であること

☐ **What is the main point?**
肝心なポイントはどこですか。

☐ **Today's main dish is seafood pasta.**
今日の主菜はシーフードパスタです。

chief

[tʃiːf]

語源 頭（かしら）

形 主要な、最高位の
名 (集団・組織の) 長

集団の中で、地位や権力、重要度において最高であること。「料理長」のchef(シェフ)も同じ語源

☐ **The country's chief export is oil.**
その国の主要な輸出品は石油です。

☐ **Who is the chief cook?**
料理長は誰ですか。

special
[spéʃəl]

語源 spec（見る）
☞spek＝見る、観察する

形 特別な
名 本日のお勧め、特別番組

「見てわかる」が原義。同種の物と比べて特に優れていること

- ☐ **We enjoyed traveling in a special train.**
  私たちは特別な列車で旅を楽しんだ。
- ☐ **What is today's special?**
  本日のお勧めは何ですか。

particular
[pərtíkjələr]

語源 part（分ける）＋cle（小さいもの）
☞part＝分ける、一部

形 特定の、好みがうるさい
名 詳細

同種のものの中から特定の一つを取り上げ、他と異なることを強調する

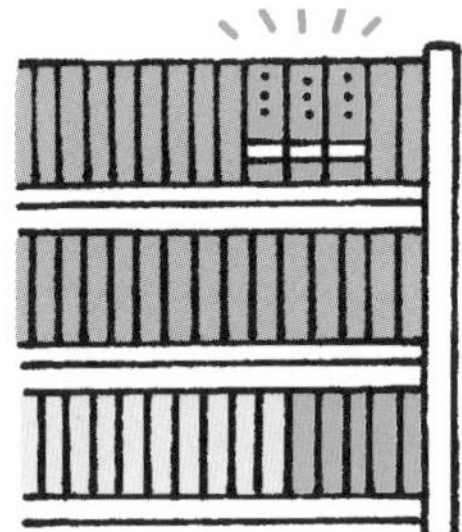

- ☐ **I'm looking for a particular book on Japanology.**
  私は日本学に関する、ある特定の本を探しています。
- ☐ **I have nothing in particular to do today.**
  今日は特にすることはありません。

23 適当な、ふさわしいにはどれを使う？

fit
[fít]

語源 合わせる

形 適した、ふさわしい、体の調子がよい
動 (〜に)合う

ある特定の目的・状況・要求などに対して適応性があること。動詞の場合は、衣服などが大きすぎることも小さすぎることもなく、人の体形や物に合っていること

☐ **This is not a fit place for the party.**
ここはパーティーにはふさわしくない場所です。

☐ **These trousers don't fit me.**
このズボンは私に合わない。

suitable
[sú:təbl]

語源 suit（続く）＋able（できる）
☞sekw＝続く

形 適した、ふさわしい
動 suit　〜に似合う、適する
名 スーツ、衣服、訴訟

「続けることができる」が原義。特定の状況や、その場の要求や条件を満たしていること。動詞の場合は、衣服や色などが身に着けている人や物に似合うこと

☐ **This movie is not suitable for children.**
この映画は子供向けではない。

☐ **Pink suits you well.**
ピンクがよく似合いますね。

proper

[prɑ́:pər]

語源 自分自身の

形 適切な、妥当な

副 properly　きちんと、ふさわしく

社会的な慣習に照らし合わせて見た時に、その規準から外れていないこと

☐ **It is not proper to attend the ceremony without a tie.**
ネクタイをしないで式に参加するのは適切ではない。

☐ **She's doing her job properly.**
彼女はきちんと仕事をこなしている。

appropriate

[əpróupriət]

語源 ap（～のほうへ）＋proper（自分自身の）

形 適切な、ふさわしい

動 [əpróuprièɪt]　横領する、充当する

個人的な趣味によって、その場や状況にふさわしいと思われること

☐ **Is this dress appropriate for a job interview?**
このドレスは就職の面接にふさわしいですか。

☐ **He appropriated company funds.**
彼は会社の資金を横領した。

24 伝染性のにはどれを使う？

infectious

[infékʃəs]

語源 in（中に）＋fect（作る）
☞facere＝する、作る

形 伝染性の、移りやすい
動 infect　感染させる、～に伝染する
名 infection　感染（症）、伝染（病）

ウイルスが飛沫などを通じて体内に入り感染すること

☐ **Laughter is infectious.**
笑いは伝染する。

☐ **He got infected with the coronavirus.**
彼は新型コロナウイルスに感染した。

contagious

[kəntéɪdʒəs]

語源 con（共に）＋tag（触れる）
☞tag＝触れる

形 （接触）伝染性の
名 contagion　接触性感染症

感染した人や動物、またはその分泌物や排泄物などに直接触れて感染すること

☐ **Chicken pox is a contagious disease.**
水疱瘡は接触性感染性の病気です。

☐ **The contagion is spreading rapidly.**
その接触性感染症は急速に広がっている。

epidemic

[èpədémɪk]

語源 epi(間に)＋dem(民衆)

形 伝染性の
名 伝染病

特定の地域の人々の間で伝染すること

☐ **Malaria is an epidemic disease.**
マラリアは伝染病です。

☐ **The epidemic was caused by a fox.**
その伝染病はキツネが原因だった。

pandemic

[pændémɪk]

語源 pan(全てに)＋dem(民衆)

形 世界的流行の、感染爆発の
名 世界的流行、感染爆発

世界中の人々に伝染すること

☐ **The 1918 flu was pandemic.**
1918年のインフルエンザは世界的に流行した。

☐ **The novel coronavirus is a pandemic.**
新型コロナウイルスは感染爆発している。

25 恥ずかしい、内気なにはどれを使う？

ashamed

[əʃéɪmd]

語源 a（～のほうへ）＋shame（自分を覆い隠す）

形 恥ずかしく思う、恥じている

名 shame　恥ずかしさ、残念

社会的・道徳的に悪いことをして、罪の意識を感じた時の恥ずかしい気持ち

☐ **I'm ashamed that I lied to her.**
彼女に嘘をついたことが恥ずかしい。

☐ **What a shame our team lost the game!**
私たちのチームが試合に負けたのは、なんて残念！

embarrassed

[ɪmbǽrəst]

語源 em（中に）＋bar（横木）→横木の中に入れられた

形 当惑した、恥ずかしい、決まりの悪い

動 embarrass　～を困惑させる

ヘマをして他人の注目を浴びた時の、困惑して恥ずかしい気持ち

☐ **She looked embarrassed at being the center of attention.** 彼女は注目の的になって、恥ずかしがっているようだった。

☐ **He tried to embarrass me.**
彼は私を困らせようとした。

timid
[tímɪd]

語源 怖がる

形 内気な、おどおどした、臆病な

人や動物が、気が弱く常に何かにおびえてビクビクしている状態

☐ **He is timid by nature.**
彼は生まれつき内気な性格だ。

☐ **He is timid of snakes.**
彼はヘビを怖がっている。

shy
[ʃáɪ]

語源 ビクビクする

形 内気な、はにかんだ、(動物が)臆病な

自意識過剰で人前に出ることができない、経験不足で打ち解けることができない状態

☐ **Don't be shy.**
恥ずかしがらないで。

☐ **I was too shy to speak to her.**
私は内気で、彼女に話しかけられなかった。

26 変なにはどれを使う？

strange
[stréɪndʒ]

語源 外からの

形 奇妙な、見知らぬ
名 stranger　見知らぬ人、よそ者

見聞きしたことがないために馴染みがなく、理解しにくいほど奇妙なこと

☐ **I had a strange dream last night.**
昨夜、奇妙な夢を見た。

☐ **I'm a stranger around here.**
この辺の地理はよくわかりません。

odd
[ɑ́:d]

語源 武器の先端→三角形→数字の→奇数

形 奇妙な、風変わりな、奇数の

strangeよりも突飛な奇妙さを表す

☐ **His behavior is very odd these days.**
近頃、彼の行動はとても奇妙だ。

☐ **How many odd numbers are there between 1 and 10?**
1から10までに奇数はいくつありますか。

eccentric

[ɪkséntrɪk]

語源 ec(外に)+
center(中心)

形 一風変わった、変な
名 奇人、変人

行動や服装などが風変わりで、常軌を逸していること

☐ **He is an eccentric old man who has 20 cats.**
彼は二十匹のネコを飼っている変な老人です。

☐ **He is a bit of an eccentric.**
彼はちょっと変わり者です。

---

unusual

[ʌnjúːʒuəl]

語源 un(でない)+
usual(いつもの)

形 普通でない、異常な、希な
副 unusually　珍しく、異常に

良し悪しに関係なく、いつもと異なって異常な状態

☐ **We have had unusual weather this summer.**
今年の夏は異常な天気が続いている。

☐ **This winter is unusually warm.**
今年の冬は珍しく暖かい。

27 本当の、本物のにはどれを使う？

語源 re（物、事）

形 本物の、実在する、本当の

（物理的に存在する物に関して）本物であること。外見と中身が一致していること

☐ **He is a real lawyer.**
彼は本物の弁護士です。

☐ **This flower is real, not artificial.**
この花は造花ではなく本物です。

語源 忠実な

形 本当の、真実の、真の
名 truth　真実、真理

false（嘘の）の対義語で、事実に忠実に一致していること。「本物の弁護士」は a true lawyerとも言い、こちらは特に優れた弁護士であることを表す

☐ **This movie is based on a true story.**
この映画は実話に基づいています。

☐ **Please tell me the truth.**
真実を言ってください。

genuine

[dʒénjuɪn]

語源 生まれる、種の

形 本物の、純潔の、生粋の

副 genuinely　心から

「生まれた時の」が原義。混じり気がなく、偽物でないことに焦点がある

□ **I believe the picture is a genuine Leonardo da Vinci.**
その絵は、レオナルド・ダ・ヴィンチの本物の作品だと信じています。

□ **He genuinely loves his wife.**
彼は妻を心から愛している。

authentic

[ɔːθéntɪk]

語源 auto（自ら）＋hentes（する人）

形 本物の、信頼できる、本格的な

「自らする人」が原義。正式な文書などで証明されていて信頼できること。食べ物が本格的なこと

□ **This is an authentic work by Leonardo da Vinci.**
これはレオナルド・ダ・ヴィンチによる本物の作品です。

□ **This restaurant serves authentic French food.**
このレストランは、本格的なフランス料理を出す。

28 満足した、うれしいにはどれを使う？

satisfied
[sǽtəsfàɪd]

語源 satis（十分な）＋fy（する）
☞facere＝する、作る

形 満足している

ある特定の要求や願望が百パーセント満たされていること。satisfactoryは米国では「優・良・可」のうち、「可」を表すので、必要なレベルに達しているというニュアンスで使われる

☐ **I am completely satisfied with the result.**
私のその結果に、すっかり満足している。

☐ **The result was satisfactory.**
結果は、まあまあだった。

content
[kəntént]

語源 con（共に）＋
tent（保つ）
☞ten＝伸ばす

形 満足して、甘んじて
名 満足

「ある程度の範囲内で満たされている」が原義。要求や願望が百パーセント叶えられているわけではないが、まあまあ納得できること

☐ **You have to be content with the third prize.**
３等賞に満足しなければならない。

☐ **We enjoyed the dinner to our hearts' content.**
私たちは心ゆくまで夕食を楽しんだ。

語源 幸運な

形 うれしい、幸せな、満足して

「幸運な」が原義。望みが叶った時のうれしい気持ちや、満足して幸せな気持ちを表す

☐ **I'm really happy to see you again.**
またお会いできて本当にうれしいです。

☐ **I'm happy with the result.**
その結果に満足しています。

語源 輝いて

形 うれしい、喜んで

叶うかどうかわからない望みが叶った時の、ホッとした瞬間の喜びを表す

☐ **I'm glad to hear that you're getting better.**
元気になられたことを聞いて、うれしいです。

☐ **I'm glad that you could come.**
来てくれて、うれしいです。

29 目立つにはどれを使う？

conspicuous

[kənspíkjuəs]

語源 con（完全に）＋spic（見る）
☞spek＝見る、観察する

形 人目を引く、見えやすい

「すっかり見える」が原義。事の善し悪しを問わず、他と異なっているせいで、すぐに目に入ることを表す

☐ **She was conspicuous in her red coat.**
彼女は赤のコートで目立っていた。

☐ **The city has no conspicuous landmarks.**
その都市には目立つランドマークがない。

outstanding

[àutstǽndiŋ]

語源 out（外に）＋stand（立つ）
☞sta＝立つ、ある

形 傑出した、顕著な

同種の他のものより、優秀さや卓越さの点で目立っている状態

☐ **She is outstanding as an actress.**
彼女は女優として傑出している。

☐ **The team has many outstanding players.**
そのチームには傑出した選手がたくさんいる。

prominent

[prá:mənənt]

語源 pro（前に）＋ min（突き出る）
☞men＝突き出る

形 卓越した、重要な、目立った

優秀さや卓越さの他に、物理的に突き出て目立っていることも表す

☐ **He has a prominent chin.**
彼は顎（あご）が突き出ている。

☐ **His house is the most prominent around here.**
彼の家はこの辺では一番目立つ。

remarkable

[rɪmá:rkəbl]

語源 re（再び）＋ mark（しるし）＋ able（できる）

形 注目すべき、顕著な、すばらしい

驚くほど他とは異なり、突出しているために人目を引き、称賛の対象となる状態

☐ **He made a remarkable recovery.**
彼はすばらしい回復を遂げた。

☐ **Her achievement is remarkable.**
彼女の業績はすばらしい。

30 高価なにはどれを使う？

expensive

[ɪkspénsɪv]

語源 ex（外で）＋pens（つるす）＝spend（使う）
☞pendere＝つるす

形 高価な、値段が高い

お金と品物を「天秤（てんびん）にかける」が原義。品質の割に値段が高い、懐具合から見て値段が高いこと

☐ **I can't buy such an expensive watch.**
そんな高価な腕時計は買えません。

☐ **Tokyo is one of the most expensive cities in the world.**
東京は世界で最も物価の高い都市の一つだ。

costly

[kɔ́:stli]

語源 cost（費用）
☞sta＝立つ、ある

形 高価な、高くつく、犠牲の大きい

品質がよく希少価値があるために高価で、代償や犠牲を伴う状態

☐ **Living in a big city is costly.**
大都市に住むにはお金がかかる。

☐ **It was a costly mistake.**
それは犠牲の大きい間違いだった。

31 安いにはどれを使う？

cheap
[tʃíːp]

語源 押し売り、取り引き

形 安い、安っぽい

品物が安い。品質が優れず安っぽい、というネガティブなニュアンスがある

☐ **I usually drink cheap wine.**
私はいつもは安いワインを飲みます。

☐ **I got a cheap flight ticket to London.**
ロンドン便の安いチケットを取った。

inexpensive
[ìnɪkspénsɪv]

語源 in（でない）＋ expensive（高価な） ☞pendere＝つるす

形 安い、低価格の、コスパのいい

品質が高い割に、価格が低いことで、ポジティブなニュアンスがある

☐ **We stayed at a relatively inexpensive hotel.**
私たちはコスパのいいホテルに泊まった。

☐ **That store has a variety of inexpensive wine.**
その店は色々な種類の、安価なワインを取り揃えている。

32 太ったにはどれを使う？

fat
[fǽt]

語源 詰め込まれた

形 太った、ずんぐりした、脂肪の多い
名 脂肪、脂身

太ったことを表す、最も具体的かつ直接的な語で、人に対して使うと非常に失礼な語となる

☐ **I'm getting fat these days.**
最近、太ってきた。

☐ **I was told to avoid animal fats.**
私は動物性油を避けるように言われた。

plump
[plʌ́mp]

語源 ドスンと落ちる

形 ぽっちゃりした、太めの

（よい意味で）女性などが、ふっくら、ふくよかで魅力的な様子。赤ちゃんなどが、ぽっちゃりしていて可愛らしい様子

☐ **She is a plump, healthy-looking child.**
彼女はぽっちゃりとして健康そうな子です。

☐ **His wife is a cheerful plump woman.**
彼の妻は陽気でぽっちゃりした女性です。

chubby

[tʃʌ́bi]

語源 chub（チャブ＝コイ科の魚）

形 ぽっちゃりした

子供が丸々と太っていることで、四角い形を暗示する語。赤ちゃんと子供限定で使用する語

☐ **Look at that baby's chubby little cheeks.**
あの、ぽっちゃりした赤ちゃんの頬を見て。

☐ **He was chubby as a child.**
彼は子供の頃は、ぽっちゃりしていた。

obese

[oubíːs]

語源 食べたために

形 肥満の
名 obesity　肥満

医学用語で「肥満の」。この状態が続くと健康を害するというニュアンスがある

☐ **She's not just fat, she's obese.**
彼女は単に太っているのではなく肥満だ。

☐ **Obesity can cause many diseases.**
肥満は多くの病気の原因となり得る。

33 やせたにはどれを使う？

thin
[θín]

語源 伸ばした
☞ten＝伸ばす、広げる

形 やせた、細い、薄い

「伸ばして薄くした」が原義。体重が平均以下の状態で、身長の割にやせていること。やせこけたというネガティブなニュアンスで使われる

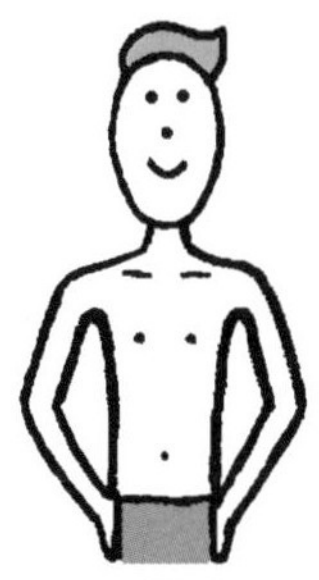

☐ **He was looking pale and thin.**
彼は青白くやせて見えた。

☐ **My hair is growing thin.**
私の髪は薄くなってきた。

slim
[slím]

語源 曲がった、ずるい

形 ほっそりした、スリムな、わずかな

ダイエットや運動をして体重を減らし、それを維持した状態。改まった場面ではslenderを使う。希望や可能性などが「わずかな」の意味もある

☐ **If you follow this diet, you'll get slim.**
このダイエットに従えばスリムになります。

☐ **He has only a slim chance of winning the game.**
彼が試合に勝つ可能性は、ほんのわずかしかない。

lean

[líːn]

語源 薄くて傾いた
☞klei＝傾く

形 （筋肉質で）ほっそりした、贅肉のない、赤身の
動 傾く、寄りかかる

鍛えることにより体が筋肉質になった状態。健康で魅力的なことを暗示する。lean meatは「赤身の肉」

☐ **He is lean and tanned.**
彼はほっそりして、日焼けをしている。

☐ **Don't lean against the door.**
ドアに寄りかからないで。

skinny

[skíni]

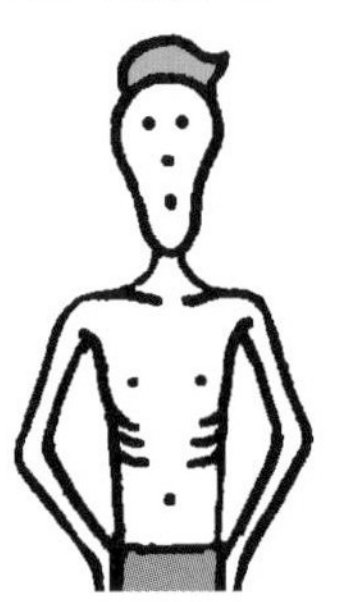

語源 skin（肌）

形 やせこけた、ガリガリの
名 skin　肌、皮膚

体が骨と皮だけで、力がない状態。wet to the skinで、「びしょぬれになる」の意味になる

☐ **As a kid I was skinny.**
子供の頃の私は、本当にガリガリでした。

☐ **He was wet to the skin.**
彼はびしょぬれだった。

34 有名なにはどれを使う？

語源 fama（話す）
☞bha＝話す

形 有名な
名 fame　名声

「人々に話される」が原義。理由は何であれ、多くの人に認知されていること

☐ **The city is famous for its rice crackers.**
その町はお煎餅（せんべい）で有名だ。

☐ **She gained her fame as an actress.**
彼女は女優として名声を得た。

notorious
[noutɔ́ːriəs]

語源 note（知る）

形 悪名高い

好ましくないことや、人を不快にさせるような状態で知られていること。よい意味で「有名な」「名高い」はnoted

☐ **He is notorious as a gambler.**
彼はギャンブラーとして悪名高い。

☐ **The town is noted for its historic architecture.**
その町は歴史的建築で有名だ。

renowned

[rɪnáʊnd]

語源 re（再び）＋nown（名前）

形 有名な、名高い
名 renown　名声、称賛

主に場所やものが、人々の喝采を受けて知られていること

☐ **The Netherlands is renowned for its tulips and windmills.** オランダはチューリップと風車で有名だ。

☐ **She won renown as a pianist.**
彼女はピアニストとして名声を博した。

eminent

[émənənt]

語源 e（外に）＋min（突き出る）
☞men＝突き出る

形 著名な、卓越した
名 eminence　著名、名声

特定の分野の知的活動によって、そのすばらしさが認められており、尊敬の対象として著名な状態

☐ **She is an eminent pianist in the world.**
彼女は世界で著名なピアニストだ。

☐ **He is a scholar of great eminence.**
彼は非常に著名な学者だ。

35 一人の、寂しいにはどれを使う？

lonely
[lóʊnli]

語源 (a)lone（一人で）

形 独りぼっちの、寂しい、孤独な、人里離れた

独りぼっちで、話す相手もいない寂しい心の状態。alone（一人の、一人で）には、寂しさのニュアンスはない

☐ **He had led a lonely life after his wife died.**
彼は妻が亡くなってから孤独な生活を送った。

☐ **He was alone in the classroom.**
彼は教室に一人でいた。

solitary
[sɑ́ːlətèri]

語源 sol（一つ）

形 一人だけの、孤独を好む、孤立した

押しつけられた寂しさではなく、自ら進んで選んだ寂しさというニュアンスがある

☐ **I spend every evening in solitary drinking.**
私は毎晩、一人でお酒を飲んで過ごしている。

☐ **She likes a solitary walk.**
彼女は一人歩きが好きです。

36 切望するにはどれを使う？

eager
[íːgər]

語源 鋭い、酸っぱい
☞ak＝鋭い、尖った

形 熱望して、したいと思う、熱心な

なんとしても自分の期待通りにしたいという強い気持ちや、物事に熱心な気持ちを表す。beaver（ビーバー）は働き者の象徴で、eager beaverで「頑張り屋」のことを表す

☐ **I am eager to marry Jane.**
ジェーンとの結婚を熱望しています。

☐ **He is such an eager beaver.**
彼はとても頑張り屋です。

anxious
[ǽŋkʃəs]

語源 anx（首を絞める）

形 心配している、切望している
名 anxiety　心配、不安

「息苦しいほど心配して」が原義。期待通りにならないのではないかという、不安があることを暗示する

☐ **I am anxious for my son to succeed.**
息子の成功を切望しています。

☐ **The virus is a source of anxiety.**
そのウイルスが心配の種だ。

37 おいしいにはどれを使う？

語源 taste（味）
☞tag＝触れる

形 おいしい

食べ物や飲み物が「おいしい」ことを表す最も一般的な語はgoodやniceだが、風味が効いていて味覚を楽しませてくれるおいしさはtasty

☐ **This soup is very tasty.**
このスープはおいしい。

☐ **Can you make me something good to eat?**
何かおいしいものを作ってくれますか。

語源 とりこにする

形 とてもおいしい、とても香りのよい

喜びのあまり、とりこになってしまうほどおいしい。「とても」という強いニュアンスがもともと備わっている語なので、very deliciousとは言わない。非常においしいことが前提となる単語なので、Is this delicious?　のように疑問文に使うこともできない。「これはおいしいですか」と聞く時は、Is this good?

☐ **This cake is delicious.**
このケーキは、とてもおいしいです。

☐ **This smells delicious.**
これは、とてもよい香りがする。

38 高いにはどれを使う？

high
[háɪ]

語源 高い丘

形 高い、高尚な
副 高く
名 height　高さ、高い所

山や建物が高いこと。語り手の意識は、高い部分にのみ向けられている

□ **I'm on the roof of a high building.**
今、高層ビルの屋上にいます。

□ **What is the height of this hill?**
この丘の高さはどれくらいですか。

tall
[tɔ́:l]

語源 素早い

形 背の高い、大げさな

人・動物・木・建物などが高いこと。視線は下から上へと垂直方向に向けられている。山は普通、highだが、縦長でのっぽの山なら a tall mountainとなる

□ **Look at that tall building.**
あの高いビルを見て。

□ **He likes telling tall tales.**
彼は、ほら話をするのが好きです。

39 ただちに、突然にはどれを使う？

suddenly
[sʌ́dnli]

語源 こっそり近づく

副 突然
形 sudden　突然の、思いがけない

予告なく起こること。予想もしなかったことが急に起こること

☐ **It began to rain suddenly.**
突然、雨が降りだした。

☐ **I couldn't believe the sudden death of my father.**
父親の突然の死を信じることができなかった。

immediately
[ɪmíːdiətli]

語源 im（ない）＋medi（中間）
☞medhyo＝中間

副 ただちに、すぐに
形 immediate　即座の、直接の

「中間がない」が原義。何かの行動の後に適度な時間をおいて、速やかに別のことが起こること

☐ **The train arrived at the next station immediately.**
列車はすぐに次の駅に到着した。

☐ **He gave an immediate answer.**
彼はただちに答えた。

abruptly

[əbrʌ́ptli]

語源 ab(離れて)+
rupt(崩れる)
☞rumpere=崩れる

副 急に、不意に
形 abrupt　急な、突然の、不意の、無骨な

「崩れ落ちる」が原義。suddenよりも意外性が高く、主によくないことが急に起こること

☐ **I was fired abruptly.**
私は急にクビになった。

☐ **The train came to an abrupt stop.**
列車は急に停まった。

instantly

[ínstəntli]

語源 in(中に、そばに)+
sta(立つ)
☞sta=立つ、ある

副 ただちに、すぐに
形 instant　即時の
名 即時、瞬間

「そばにいる」が原義。何かの行動の後に、間髪を入れず別のことが起こること

☐ **All three victims died instantly.**
3人の犠牲者は全員即死だった。

☐ **Please give me an instant reply.**
すぐに返事をください。

40 はやくにはどれを使う？

fast
[fǽst]

語源 しっかりした

副 速く
形 速い、迅速な

人や物の継続的な動作の速度が一定して速いこと。fast food（ファストフード）なら、注文してから出されるまでの速度が一定して速い食べ物。高速道路でfast laneなら「追い越し車線」のこと

□ **You're always driving too fast.**
あなたの運転は、いつもスピードを出しすぎです。

□ **This is the fastest train in Japan.**
これは日本で最速の列車です。

quickly
[kwíkli]

語源 生き生きとして

副 すぐに、急いで
形 quick　速い、迅速な、即座の

速度が速いというよりも、1回の行為に時間をかけずに素早く反応すること。突発性や短さに焦点がある

□ **Don't give up so quickly.**
そんなに、すぐ諦めないで。

□ **I had a quick lunch.**
私は急いで昼食を取った。

early
[ə́ːrli]

語源 前に、先に

副 早く、初期に
形 早い、初期の

スピードが速いのではなく、early in the morning（朝早く）のように、ある時間帯の始めの頃や、いつもの時間や予定された時間よりも早くという意味

☐ **Spring came early this year.**
今年の春は早くやって来た。

☐ **I had an early lunch today.**
今日は早めの昼食を取った。

rapidly
[rǽpɪdli]

語源 ひったくる

副 速く、急速に、急いで
形 rapid　速い、急激な

fastとquicklyの両方の意味で、改まった場面で使われる語。速さに対する驚きの気持ちと好ましい意味合いがある

☐ **The population of that country is increasing rapidly.**
その国の人口は急速に増加している。

☐ **She has made rapid progress in English.**
彼女の英語は急激に進歩した。

41 時々、しばしばにはどれを使う？

sometimes

[sʌ́mtàɪmz]

語源 ある時に

副 時々
副 sometime　いつか、ある時

状況によって多少前後するが、基本的には起こる頻度は半分弱。たとえば、1週間のうち、3回程度の頻度を表す

- □ I **sometimes** see him on the street.
  通りで彼を時々見かける。
- □ I want to see you **sometime** next month.
  来月のいつか、あなたに会いたい。

occasionally

[əkéiʒənəli]

語源 oc（～へ）+cas（ふりかかる）☞ kad=落ちる

副 時々
形 occasional　時々の、時折の

sometimesとほぼ同義だが、sometimesと比べると起こる頻度は低い。たとえば、1週間のうち、せいぜい1回程度の頻度を表す。very occasionallyなら、「たまに」「めったに～でない」の意味になる

- □ She **occasionally** watches TV.
  彼女は時々テレビを観る。
- □ He paid **occasional** visits to Kyoto.
  彼は時折、京都を訪れた。

often
[ɔ́:fn]

語源 繰り返し、何度も

副 しばしば、よく、たびたび

sometimesに比べると起こる頻度はやや高く6割くらい。たとえば、1週間のうち、4回程度の頻度を表す

☐ **She often comes to see me.**
彼女はよく私に会いにくる。

☐ **How often do you play tennis?**
どれくらいの頻度でテニスをしますか。

frequently
[fríːkwəntli]

語源 詰まった、混み合った

副 しばしば、たびたび、頻繁に
形 frequent　たびたびの、頻繁に起こる
動 〜へしばしば行く

oftenと同じくらいの頻度を表すが、やや改まった場面で使われる語。特に短い間隔で同じ事柄が繰り返される際に使われることが多い

AM　PM

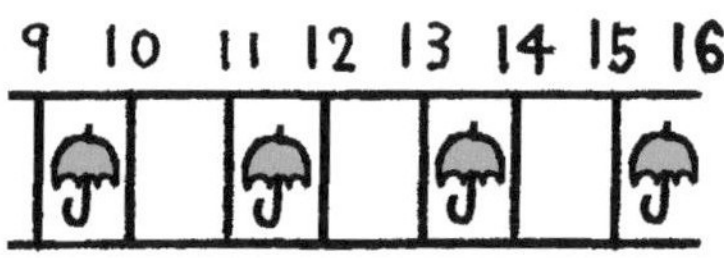

☐ **The bus frequently runs between the city center and the airport.**　都市の中心部と空港をつなぐバスは、頻繁に出ている。

☐ **There are frequent buses from the airport to the city center.**　空港から都市の中心部まで、バスが頻繁に出ている。

42 確かに、もちろんにはどれを使う？

sure
[ʃúər]

語源 se（ない）＋
cure（注意、心配）
☞curare＝注意する

副 確かに、もちろん
形 確かな、確信している

「心配ない」が原義。確たる証拠がなくてもそうなると確信する状態や、そうなってほしいという願望を表す。くだけた場面で使われる

手伝って！
もちろん！

☐ **“Can you help me?” “Sure.”**
「手伝ってくれる？」「もちろん」

☐ **I’m sure you’ll win the game.**
あなたは、きっとその試合に勝ちますよ。

certainly
[sə́ːrtnli]

語源 cert（分ける）

副 確かに、もちろん
形 certain　確かな、確信している、ある～

「ふるいにかける」が原義。証拠が揃っていて誰が見ても間違いないという確信がある様子で、副詞の場合も改まった場面で使われる

コーヒーをもらえますか？
かしこまりました

☐ **“Could I have some coffee, please?” “Certainly, sir.”**
「コーヒーをいただけますか？」「はい、かしこまりました」

☐ **It is certain that your team will lose the game.**
あなたのチームが試合に負けるのは確かだ。

43 たぶんにはどれを使う？

語源 存在できる

副 もしかしたら、たぶん

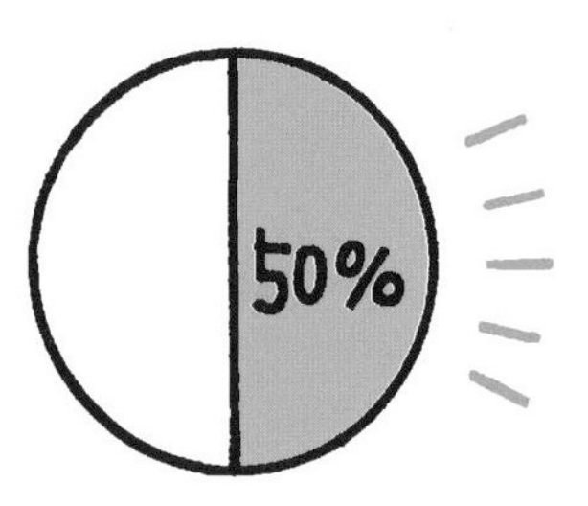

助動詞mayを使った文では話し手の確信度は5割で、maybeも同様に5割。perhapsも同義だが、perhapsは書き言葉や、やや改まった場面で使われることが多い

□ Maybe **she will come,** maybe **she won't.**
彼女は来るかもしれないし、来ないかもしれない。

□ Perhaps **50 people were there.**
たぶん50人が、そこにいたでしょう。

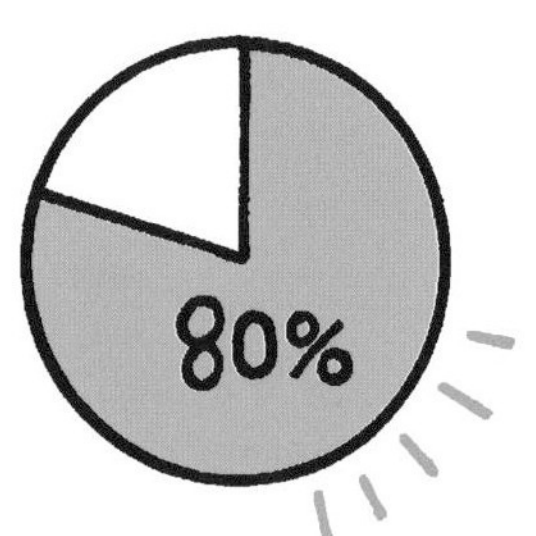

probably
[prɑ́ːbəbli]

語源 試すことができる

副 たぶん、十中八九
形 probable　起こりそうな、確実な

話し手の確信度は80パーセント以上。高い可能性を表すので、数学的な判断から下された確率や可能性は、名詞形のprobabilityで表す

□ **This is** probably **the most delicious food I've ever had.**
これは、たぶん今まで食べた中で一番おいしい料理だ。

□ **Heavy snow is** probable **in Hokkaido.**
北海道は、たぶん豪雪でしょう。

44 ほぼ、ほとんどにはどれを使う？

語源 近くに

副 ほとんど、もう少しで

「近くまで来ている」が原義。話し手の視点は到達点から離れたほうにあり、もう少しで到達しそうなことに焦点がある。「ほぼ9時」という時には、8時55分でも8時50分でも使える

☐ **It's nearly nine o'clock.**
もう少しで9時になる。

☐ **The bottle is nearly empty.**
ビンは、ほぼ空っぽだ。

語源 all（全て）＋ most（大部分）

副 ほとんど、もう少しで

視点が到達点にあり、話し手は到達点のほうから見ていて、そこまで近づいているが、まだ少し足りないことに焦点がある。nearlyよりも到達点に近いことを暗示するので、「ほぼ9時」という時には、8時58分か、8時59分あたりで使う

☐ **It's almost nine o'clock.**
もうほぼ9時だ。

☐ **He drinks beer almost every day.**
彼は、ほぼ毎日ビールを飲む。

スッキリわかる！

動詞のニュアンス大全

01 扱う、処理するにはどれを使う？

語源 引く
☞trahere＝引く

動 ～を扱う、～を処理する
名 もてなし、ほうび
名 treatment　取り扱い、治療

人・動物・物をある特別な方法で扱うこと。treat animals badly（動物にひどい扱いをする）のように、方法を表す副詞と共に使われる

☐ **I hate being treated like a child.**
私は子供扱いされるのが嫌だ。

☐ **She was given chocolate as a treat.**
彼女は、ごほうびにチョコレートをもらった。

語源 hand（手）＋
le（道具）

動 ～をうまく扱う、～を処理する
名 取っ手

「手で扱うこと」が原義。激しい感情をコントロールするなど、困難な問題を自信と責任を持って効率的に処理すること

☐ **There's nothing he can't handle.**
彼に処理できないことは何もない。

☐ **Something is wrong with the door handle.**
扉の取っ手の調子が悪い。

dispose

[dɪspóuz]

語源 dis（離して）＋pose（置く）
☞ponere＝置く

動 ～を処分する(of)、～を配置する
名 disposal　処分、処理
形 disposable　使い捨ての

物を投げて処分すること

☐ **He decided to dispose of his old car.**
彼は古い車を処分することに決めた。

☐ **This room is at your disposal.**
この部屋はご自由に使ってください。

cope

[kóup]

語源 打つ、たたく

動 処理する、対処する

日常生活での人付き合いで、難しい問題に直面した際にうまく対処すること

☐ **I'm afraid I can't cope with this difficult situation.**
この困難な状況に、うまく対処できないのではないかと心配している。

☐ **I have to cope with a mountain of problems.**
山のような問題を処理しなければならない。

02 集めるにはどれを使う？

gather
[gǽðər]

語源 一緒になる

動 ～を集める、集まる、～を推測する

潮干狩りでアサリを集めるように、あちこちに散らばっているものを１カ所に無造作に寄せ集めること

☐ **He's busy gathering information for a book.**
彼は本のための情報収集に忙しい。

☐ **A large crowd gathered in the square.**
大群衆が広場に集まった。

collect
[kəlékt]

語源 co(l)（共に）+lect（選ぶ）☞leg=集める、選ぶ

動 ～を集める
名 collection　収集、徴収

砂浜できれいな貝殻だけを集めるように、魅力や興味のある同一種類のものを取捨選択しながら集めること。税金の徴収や、慈善事業のための募金などにも使われる

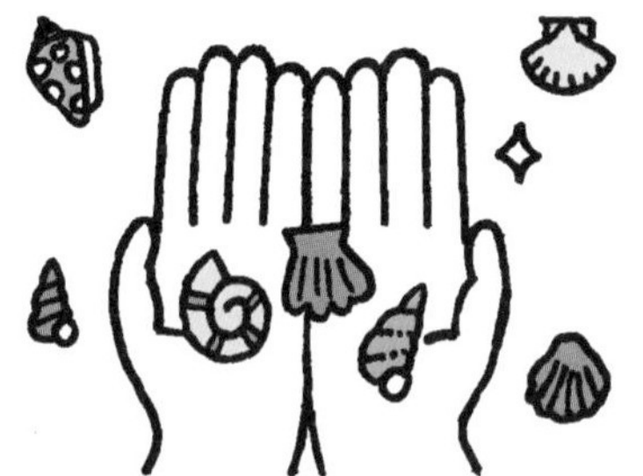

☐ **He collects old coins.**
彼は古銭を集めている。

☐ **I have a collection of baseball cards.**
私は野球カードを集めている。

raise

[réɪz]

語源 立てる

動 (お金)を集める、～を上げる

「立てる」「持ち上げる」が原義。ある特定の仕事や、人助けのために、人や団体が資金を集めること

☐ **They are raising funds for charity.**
彼らはチャリティーのために資金集めをしている。

☐ **Please raise your hand if you have any questions.**
何か質問があれば挙手してください。

accumulate

[əkjúːmjəlèɪt]

語源 ac(～のほうへ)＋cumul(積み上げる)

動 (長い時間をかけて)～を集める、～を貯める、～を積み上げる

名 accumulation　蓄積

長い時間をかけて、お金や知識、情報などを集めること。改まった場面で使う語

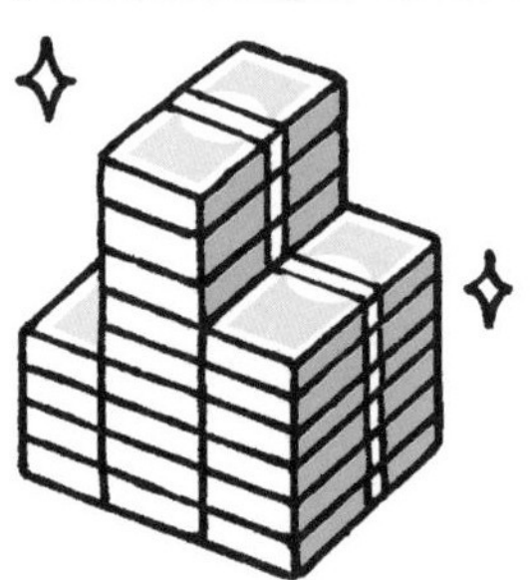

☐ **She accumulated a fortune in the music business.**
彼女は音楽の事業で一財産を築いた。

☐ **They were worried about the accumulation of debt.**
彼らは累積債務を心配していた。

03 教える、案内するにはどれを使う？❶

teach
[tíːtʃ]

語源 示す

動 (～を)教える
活用 teach-taught-taught

体系立った知識や技術を教えること。習得するまでに時間がかかることに対して使う

☐ **He taught me how to swim.**
彼は私に泳ぎ方を教えてくれた。

☐ **I teach at high school in Tokyo.**
私は東京の高校で教えています。

---

instruct
[ɪnstrʌ́kt]

語源 in(上に)+struct(積む)
☞stere=広げる

動 (技術)を教える、～を指示する、～を指図する
名 instruction　教授、指図
名 instructor　指導者
形 Instructive　ためになる

スポーツのインストラクターのように、助言を与えながら順序立てて実用的な技能や知識を教えること

☐ **The professor instructed his students in Spanish.**
教授はスペイン語で生徒たちを教えた。

☐ **His lecture was instructive.**
彼の講義はためになった。

show
[ʃóu]

語源 見せる

動 ～を案内する、～を教える、～を見せる
名 見世物、番組

地図を描いて道を教えたり、目的地まで一緒に行って案内したりすること。単に口頭で教えるだけならtellを使う

□ **I was shown into the president's office.**
私は社長室に案内された。

□ **He kindly showed me the way to the station.**
彼は親切にも私を駅まで案内してくれた。

guide
[gáɪd]

語源 見せる
☞weid＝見る、見える

動 ～を案内する、～をガイドする
名 案内人、ガイド

「観光ガイド(tour guide)」という言葉があるように、目的地まで一緒に行って、あれこれ案内をすること

□ **A curator guided us through the museum.**
学芸員が博物館内のガイドをしてくれた。

□ **She works as a tour guide.**
彼女は観光ガイドとして働いている。

03 教える、案内するにはどれを使う？❷

direct
[dərékt]

語源 di（離れて）＋
rect（まっすぐな）
☞reg＝まっすぐに、導く

動 （道）を案内する、～を監督する
形 直接の
名 direction　方向

名詞形のdirection（方向）が示すように、目的地までの道順を言葉で指示すること。一緒に行くことはない

□ **Could you direct me to the airport?**
空港までの道を教えていただけますか。

□ **I have no sense of direction.**
私は方向音痴です。

lead
[lí:d]

語源 先に行く

動 ～を導く、～を案内する、～を連れていく
活用 lead - led - led

お年寄りや目の不自由な人の手を引いて目的地まで案内するように、先頭に立って、ある方向へ導くこと

□ **He led me across the street.**
彼は私の手を取って、通りを渡らせてくれた。

□ **This street will lead you to the post office.**
この通りを行けば郵便局があります。

04 見るにはどれを使う？❶

look
[lúk]

語源 こっそり見る

動 ～を見る、見える
名 見ること、顔つき

ある特定の物を見ようと意識して一定の方向へ注意や視線を向けること。見ようとした対象が実際に見えたかどうかは問わない。主に静止している物を見ること。相手の注意を引きつけたい時はLook!（ほら！ ねえ！）

☐ **Look carefully, and you can see the mountain from here.**
注意して見れば、ここからその山が見えます。

☐ **You look young for your age.**
年の割に若く見えますね。

see
[síː]

語源 続く→目で追う
☞sekw＝続く

動 （意識せずに自然と）見える、見る、～と会う、～がわかる
活用 see-saw-seen

見ようとしなくても自然に「見える」ことと、意識的に何かを「見る」こと。内容についてだと、「理解する」「調べる」などの意味になる。相手の意図を理解できた時は I see.（なるほど）

☐ **Can you see a church on the hill?**
丘の上に教会が見えますか。

☐ **Do you see what I mean?**
私の言いたいことがわかりますか。

watch
[wά:tʃ]

語源 目を覚ます

動 ～をじっと見る、～を見張る
名 腕時計、見張り

動いている物や、動く可能性のある物に注意を集中させ、じっと見ること

☐ **The mother watched her children playing.**
母親は子供たちが遊んでいるところを見守っていた。

☐ **Watch out! There's a car coming.**
気をつけて！ 車が来ます。

gaze
[géɪz]

語源 注意する

動 （驚きや称賛の気持ち、興味を持ってうっとりと）～をじっと見つめる
名 じっと見つめること

本人に見ようとする意識はなく、驚きや興味でじっと見入ること、うっとりと見つめること

☐ **She gazed at the beautiful diamond ring.**
彼女は美しいダイヤの指輪をじっと見つめていた。

☐ **He fixed his gaze on the watch.**
彼はその腕時計をじっと見つめた。

stare

[stéər]

語源 かたい
☞ster＝かたい

動 （驚きや恐怖で目を大きく見開いて）～をじっと見つめる、ジロジロ見る
名 じっと見つめること

驚き・恐怖・怒りなどで、目を見開いたまま長い間ジロジロ見ること

☐ **It is impolite to stare at people.**
人をジロジロ見るのは失礼です。

☐ **She gave me an icy stare.**
彼女は私を冷たく見つめた。

glance

[glǽns]

語源 氷

動 ～をちらっと見る、ざっと目を通す
名 ちらりと見ること

気になることがある時や急いでいる時などに、ちらっと見ること、ざっと目を通すこと

☐ **I fell in love with her at first glance.**
私は彼女に一目ぼれした。

☐ **He glanced at his watch.**
彼は時計をちらっと見た。

05 言うにはどれを使う？

語源 言う、発する

動 ～と言う、～を話す、口に出す
活用 say-said-said

写真を撮る時に、Say cheese.（はい、チーズ）と言われたら、Cheese（チーズ）と応じるように、人の発言をそのままの形で伝えること。実際に発せられた言葉を目的語に取るので、直接話法の文に使われる

☐ **You only have to say yes to the offer.**
そのオファーに「はい」と言うだけでよい。

☐ **"I'm happiest when I am with you," Mary said.**
「あなたといる時が一番幸せ」と、メアリーは言った。

語源 数える、語る

動 ～を話す、～を伝える、～に言う
活用 tell-told-told

発話の内容に焦点があり、相手を意識しながらその内容を話すこと。話(story)、冗談(joke)、嘘(lie)、真実(truth)などを伝える場合や、また誰かの言葉の内容を間接的に伝える間接話法に使う

☐ **Please tell me the way to the station.**
駅までの道を教えてください。

☐ **Mary told me that she is happiest when she is with me.**
メアリーは、私といる時が一番幸せだと私に言った。

speak
[spíːk]

語源 音を発する

動 (～を)話す、声を発する
活用 speak-spoke-spoken
名 speech　講演、スピーチ

演説で意見を述べる、外国語を話すなど、きちんと内容のある話をすること。必ずしも相手は必要としない。単に言葉を発する意味でも使われる

☐ **He can speak more than 10 languages.**
彼は10カ国語以上話せる。

☐ **Can you speak more slowly?**
もっとゆっくり話してくれますか。

talk
[tɔ́ːk]

語源 しゃべる

動 話す、しゃべる、～を説得する
名 おしゃべり、講演

相手に向かって言葉を発すること。しゃべる行為に焦点が当たっており、内容には関心がない

☐ **Why are you always talking in class?**
なぜ、いつも授業中におしゃべりばかりしているのですか。

☐ **She talked her mother into buying her a camera.**
彼女は母親を説得してカメラを買ってもらった。

06 痛むにはどれを使う？

ache
[éɪk]

語源 鋭い、尖った ☞ak＝鋭い、尖った

動 痛む、うずく、うずうずする
名 痛み

比較的長時間に及ぶ鈍い痛み。名詞の意味では「一時的に襲う激しい痛み」を表すpainと異なる

□ **Is your tooth aching?**
歯が痛いのですか。

□ **I have a slight headache.**
頭が少し痛い。

hurt
[hə́ːrt]

語源 ぶつける

動 (体や心)を傷つける、ケガをさせる、(体が)痛む
活用 hurt-hurt-hurt

ケガや注射、その他、何らかの原因で体の一部や心が痛むこと

□ **Where does it hurt?**
どこが痛みますか。

□ **He was hurt in the accident.**
彼はその事故でケガをした。

語源 脈の音

動 ズキズキ痛む、(心臓が)鼓動する
名 ズキズキ痛むこと

頭や傷がある部分に、定期的に感じる一連の痛みのこと。または、興奮や感動などのドキドキする気持ちを表す

☐ **My head is throbbing.**
頭がズキズキします。

☐ **Her heart is throbbing with joy.**
彼女の心臓は、うれしくてドキドキしている。

語源 こする

動 ズキズキ痛む、ヒリヒリする

「こすった時の痛み」が原義。傷ついた部分がズキズキ痛むこと、体の一部が鋭く刺されたように痛むこと、薬を塗った時にヒリヒリ痛むことなどを表す

☐ **My eyes are smarting from the onions.**
タマネギで目がヒリヒリ痛いです。

☐ **The cut smarts terribly.**
切り傷がひどく痛む。

07 動く、運ぶにはどれを使う？❶

語源 去る、放つ

動 行く、去る、進む
活用 go-went-gone

その場から去っていくこと。通例、行き先や目的、様態を表す語句と一緒に使い、行き先を示さないと「その場からいなくなる」意味になる。ファストフード店で「ここでお召しあがりですか、お持ち帰りですか」なら、For here or to go?

□ **Let's go for a drink.**
飲みに行きましょう。

□ **I must be going now.**
もうお暇（いとま）しなければ。

語源 やって来る

動 来る、行く　活用 come-came-come

自分がいる所にやって来ること、相手がいる所に行くこと。話題に上がっている所に向かっていくことや、到達点を重視する。He went home.（彼は帰宅した）では、彼が学校や会社を出た時点が強調され、He came home.（彼は帰宅した）では、学校や会社を出て自宅にいることが強調される

□ **"Won't you come to the party tonight?" "Of course, I'll come."**　「今夜パーティーに来ない？」「もちろん行きます」

□ **"Dinner's ready."　"I'm coming."**
「夕食の準備ができましたよ」「今行きます」

move

[mú:v]

語源 動く
☞movere＝動く

動 動く、引っ越す、～を動かす、感動させる
名 動き、行動

単に位置を変化させること

☐ **I'm moving to a new apartment next week.**
来週、新しいアパートに引っ越します。

☐ **Please help me move the chair.**
イスを動かすのを手伝ってください。

commute

[kəmjú:t]

語源 com（共に）＋
mute（かわる）

動 通勤（通学）する、交換する
名 commuter　通勤者、通学者

家と職場や学校を、定期的に移動すること

☐ **How do you commute to work?**
通勤方法は何ですか。

☐ **I have to renew my commuter pass.**
通勤定期券を更新しなくては。

07 動く、運ぶにはどれを使う？❷

語源 trans（越えて）＋fer（運ぶ）
☞ferre＝運ぶ per＝先に、導く

動 移動する、乗り換える、～を移動させる、～を譲渡する
名 [trǽnsfəːr]　移転、乗換（切符、駅）

ある場所（乗り物）から別の場所（乗り物）に移動する（させる）こと

□ **We transferred from one bus to another.**
私たちはバスを乗り換えた。

□ **I got a transfer to Paris.**
パリに転勤になりました。

語源 取る、つかむ

動 ～を持って（連れて）いく、乗っていく
活用 take-took-taken

自分がいる所から、相手がいる場所とは別の所に、人や物を移動させること。つまり、相手のいる場所とは別の所に「持っていく」とか「連れていく」こと。必ず行き先や様態を表す語句と一緒に使われる

□ **Please take me to the airport.**
（タクシーで）空港までお願いします。

□ **Take an umbrella with you.**
傘を持っていきなさい。

bring
[bríŋ]

語源 運ぶ
☞bher＝運ぶ

動 ～を持って（連れて）くる、～をもたらす、～に至らせる
活用 bring-brought-brought

他の場所から自分がいる所へ人や物を移動させること。つまり、自分の所へ「持ってくる」とか「連れてくる」こと。あるいは、相手がいる所や話題に上がっている所に「持っていく」とか「連れていく」こと。行き先がわかっている場合は、その場所を示す必要はない

- □ **I'll bring some roast beef to the party.**
  パーティーには、ローストビーフを持っていきます。
- □ **Just bring yourself.**
  手ぶらで来てください。

carry
[kǽri]

語源 荷車で運ぶ
☞kers＝走る

動 ～を運ぶ、～を携行する

身につけて動き回ること。必ずしも行き先を示す必要はない

- □ **Please help me carry my baggage.**
  荷物を運ぶのを手伝ってください。
- □ **You have to carry your passport at all times.**
  パスポートを常に携帯しなければいけません。

07 動く、運ぶにはどれを使う？❸

fetch
[fétʃ]

語源 つかむ

動 ～を取って（連れて）くる

人のいる場所や物がある場所まで取りにいって、元いた場所まで運んでくること

☐ **Can you fetch a beer from the fridge?**
冷蔵庫からビールを持ってきてくれる？

☐ **Fetch a doctor quickly.**
すぐに医者を連れてきて。

export
[ekspɔ́:rt]

語源 ex（外に）＋
port（港、運ぶ）
☞portare＝運ぶ→
per＝先に、導く

動 ～を輸出する
名 [ékspɔ:t]　輸出品

商品や製品を港の外、つまり他国に運ぶこと

☐ **This country exports a lot of bananas and shrimps.**
この国は、たくさんのバナナとエビを輸出している。

☐ **What are the main exports of this country?**
この国の主な輸出品は何ですか。

語源 im(中に)+
port(港、運ぶ)
☞portare=運ぶ
→per=先に、導く

動 ～を輸入する
名 [ímpɔ:t]　輸入品

商品や製品を港の中、つまり自国に運ぶこと

☐ **Japan imports a lot of bananas from Taiwan.**
日本は、台湾からバナナをたくさん輸入している。

☐ **They are dependent on cheap imports from Asia.**
彼らは、アジアからの安い輸入品に頼っている。

語源 trans(越えて)+
port(港、運ぶ)
☞portare=運ぶ→
per=先に、導く

動 ～を輸送する、～を運ぶ
名 [trǽnspɔ:t]　輸送(手段)
名 transportation
輸送、交通手段

人や物品を、車・列車・船・飛行機などの乗り物を使って運ぶこと

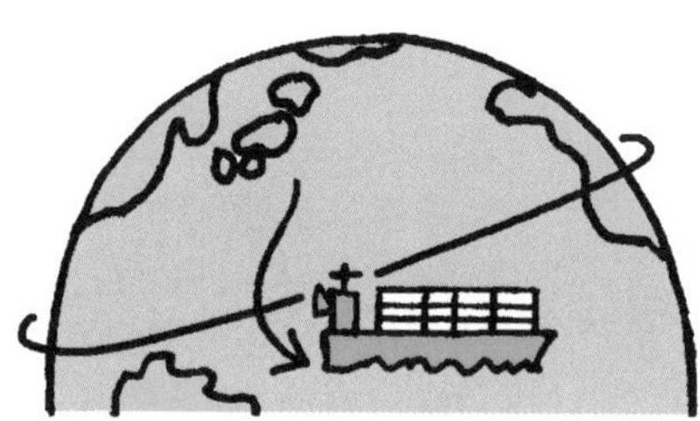

☐ **The statue was transported to New York.**
その像はニューヨークに輸送された。

☐ **They have no means of transportation.**
彼らには交通手段がない。

03 祝うにはどれを使う？

celebrate
[séləbrèɪt]

語源 大勢の人たちが集まる

動 ～を祝う、～を賛美する
名 celebration　祝賀会

誕生日や結婚記念日などの重要性を、何か特別なことをして示すこと。「祝う」という意味の最も一般的な語

☐ They **celebrated** their 20th wedding anniversary today.
彼らは今日、20回目の結婚記念日を祝った。

☐ The street is illuminated for the **celebration**.
通りは祝賀会用にイルミネートされている。

congratulate
[kəngrǽtʃəlèɪt]

語源 con（共に）＋grat（喜び）

動 ～を祝う、お祝いを述べる
名 congratulation　お祝い（の言葉）

試験の合格・結婚・昇進・入学・卒業など、他者が成し得たことについて、自分が喜んでいると相手に伝えること。目的語になるのは人のみ

☐ I **congratulate** you on your promotion.
昇進おめでとうございます。

☐ **Congratulations** on your wedding!
結婚、おめでとう！

commemorate

[kəméməreìt]

語源 com（共に）＋memo（頭、記憶）

動 ～を祝う、～を記念する
名 commemoration　祝賀、記念
形 commemorative　記念の

大きな出来事を人々の記憶に留めておくために、儀式や祭典で祝うこと

☐ **They commemorate Independence Day on July 4th.**
7月4日に独立記念日が祝われる。

☐ **These are all commemorative stamps.**
これは全部、記念切手です。

observe

[əbzə́ːrv]

語源 ob（向かって）＋serve（見守る）
☞servare＝守る、保つ

動 ～を祝う、～を観察する、（法律）を守る
名 observation　観察
名 observance　祝うこと、順守

宗教的儀式や国民的な行事をして、公に祝うこと。改まった場面で使う語

☐ **When do you observe Children's Day?**
こどもの日は、いつ祝いますか。

☐ **I love observing the stars.**
私は星の観察が大好きです。

09 奪う、盗むにはどれを使う？

steal

[stí:l]

語源 こっそり盗む

動 ～を盗む
活用 steal-stole-stolen

所有者に気づかれずに金品をこっそりと盗むこと。対象は必ず物品となる

☐ **I had my wallet stolen in the crowded bus.**
私は混んだバスで札入れを盗まれた。

☐ **My wallet was stolen in the crowded bus.**
混んだバスで私の札入れが盗まれた。

rob

[rá:b]

語源 衣服をはぎ取る

動（人から～を）奪う、～を強奪する

人に暴行や脅迫を加えて金品や財産を奪うことや、銀行などの場所から金品を強奪すること

☐ **I was robbed of my passport and all of my money.**
私はパスポートとお金を全て奪われた。

☐ **This store was robbed yesterday.**
昨日、この店に強盗が入った。

語源 de（離れて）＋private（個人の）

動 ～を奪う

権力者が罰を与える、権利を侵害する、個人の大切なものを奪う

□ **The government** deprived **people of freedom.**
政府は人々から自由を奪った。

□ **The children are** deprived **of education.**
子供たちは教育の機会を奪われている。

語源 裸にする

動 ～をはく奪する、服を脱がせる、～をはぎ取る
名 （細長い）切れ

表面を覆っているものをはがすこと。名誉や称号、財産などを奪うこと

□ **The king was** stripped **of his power.**
国王は権力をはく奪された。

□ **He is** stripping **the paint off the wall.**
彼は壁のペンキをはがしている。

10 選ぶにはどれを使う？

choose

[tʃúːz]

語源 味見をする

動 ～を選ぶ
活用 choose-chose-chosen
名 choice　選択

二つ以上の物の中から、自分の好きな物をじっくり考えて、一つ選ぶこと

☐ **You can choose whichever you like.**
どれでも好きな物を選んでいいですよ。

☐ **I had no choice but to accept it.**
それを受け取らざるを得なかった。

pick

[pík]

語源 つつく、刺す

動 ～を選ぶ、～を摘(つ)み取る

三つ以上の中から、「どれにしようかな」と思いながら、その時の気分や勘でサッと選ぶこと

☐ **Pick a number from one to five.**
1から5までの数字から、一つ選んでください。

☐ **He had his pocket picked in the crowd.**
彼は人混みでスリに遭った。

select
[sɪlékt]

語源 se(離して)+
lect(選ぶ)
☞leg=集める、選ぶ

動 ～を選ぶ、～を厳選する
形 えり抜きの
名 selection　選択、品揃え

三つ以上の中から資料や情報を基に、じっくり考えた末に慎重に選ぶこと

□ **We selected two students to represent our school.**
私たちの学校を代表する生徒を２人選んだ。

□ **That store has a large selection of cheese.**
その店はチーズを豊富に取り揃えている。

elect
[ɪlékt]

語源 e(外に)+
lect(選ぶ)
☞leg=集める、選ぶ

動 ～を選ぶ
名 election　選挙

学校の科目を選ぶこと、人をある役職に、選挙や投票で選ぶこと

□ **The people elected Donald Trump President of the United States.**　国民はドナルド・トランプ氏をアメリカ大統領に選んだ。

□ **Who will win the next election?**
次の選挙で勝つのは誰だろう。

11 受け取る、得るにはどれを使う？❶

get
[gét]

語源 取る、つかむ

動 ～を受け取る、～をもらう、～を得る
活用 get-got-got

努力の大小を問わず能動的に得ること。獲得するまでのプロセスに焦点があるが、無意識または自然に自分が手にしていることも表す

□ **She got a full score on the math test.**
彼女は数学のテストで満点を取った。

□ **I got a letter from my uncle.**
叔父から手紙をもらった。

accept
[æksépt]

語源 ac（～を）＋cept（取る）
☞kap＝つかむ

動 ～を受け入れる、～を受け取る、～を認める
名 acceptance　受領
形 acceptable　受け入れられる

贈り物を快く受け取ること、招待や申し出などを積極的に同意して受け入れること

□ **Thank you for accepting my invitation.**
私の招待を受け入れていただき、ありがとうございます。

□ **Your proposal is not acceptable.**
あなたの提案は受け入れられません。

receive

[rɪsíːv]

語源 re（後ろで）＋ceive（取る）
☞kap＝つかむ

動 ～を受け取る
名 receipt　領収書、受領
名 reception　受付、宴会

特にこちらが望んでいるわけではなく、単に差し出された物を物理的に受け取ること

☐ **I did receive your offer, but didn't accept it.**
あなたの申し出は受け取りましたが、受け入れてはいません。

☐ **Our wedding reception was held here.**
私たちの結婚披露宴は、ここで行なわれました。

secure

[sɪkjʊ́ər]

語源 se（離れて）＋cure（注意、心配）
☞curare＝注意する

動 ～を確保する、～を守る
形 安全な、不安のない、安定した
名 security　警備、保証、安心

形容詞では「心配することがない」が原義で「安全な」。動詞では、「安全な状態で持っている」ことから「確保する」の意味となり、苦労して手に入れるというニュアンスがある

☐ **He secured a contract with the company.**
彼はその会社との契約を確保した。

☐ **The airport was under tight security.**
空港の警備は厳重だった。

11 受け取る、得るにはどれを使う？❷

語源 ob（～に向かって→そばまで）＋tain（伸ばす）
☞ten＝伸ばす

動 ～を得る、～を手に入れる

「手を伸ばして得る」が原義。努力して何かを探し出して得ること。改まった場面で使う書き言葉

☐ **Further information can be obtained through the Internet.** インターネットで、さらなる情報を入手できます。

☐ **Where did you obtain this book?**
この本をどこで手に入れましたか。

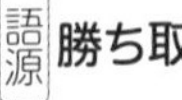 勝ち取る

動 ～を獲得する、～を増す
名 増加、利益

アメフトで相手の陣地を獲得することを「ヤードをゲインする」と言うように、富や利益など欲するものを、努力や勤労をしてつかみ取ること、勝ち取ること。努力の度合いはobtainよりも大きく、すでに持っているものを増やすことにも使う

☐ **The country gained independence in 1957.**
その国は1957年に独立を勝ち得た。

☐ **Have you recently gained weight?**
最近、太りましたか。

語源 ac(〜を)+quire(求める)

動 〜を得る、〜を獲得する、〜を身につける

努力しながら時間をかけて得ること。対象は学習・知識・能力・習慣など手で触れることができないもの

☐ **Where did you acquire French?**
どこでフランス語を身につけましたか。

☐ **I have acquired a taste for wine recently.**
私は最近、ワインの味がわかるようになった。

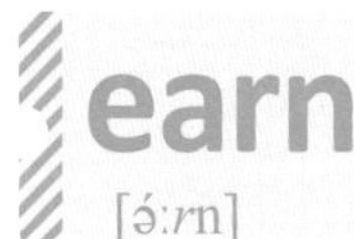

語源 収穫する

動 〜を得る
名 earnings　所得、収入

労働や努力の結果や報酬として、地位や名声を得ること

☐ **He earns a lot of money as a writer.**
彼は作家として、お金をたくさん稼いでいる。

☐ **The average worker's earnings have gone up dramatically.** 労働者の平均所得は劇的に上がった。

12 追うにはどれを使う？

follow [fá:lou]

語源 後についていく

動 (～の後に) ついていく、(～の後に) 起こる
形 following　次の
　名 下記のもの
　前 ～に続いて
名 follower　支持者

誰かの後ろについていくこと

- □ **The dog is always following him.**
  そのイヌは、いつも彼の後をついていく。
- □ **He came back on the following day.**
  彼は翌日戻ってきた。

chase [tʃéɪs]

語源 つかむ
☞kap＝つかむ

動 ～を追いかける、走り回る
名 追跡

自分から逃げようとする人やものを捕まえるために、追いかけること

- □ **He's always chasing girls.**
  彼はいつも女性の尻を追いかけ回している。
- □ **The police arrested him after a long chase.**
  警察は追跡の末、彼を逮捕した。

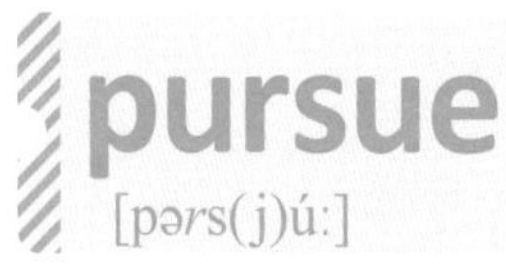

語源 pur（前に）＋
sue（続く）
☞sekw＝続く

動 ～を追求する、～に従事する
名 pursuit　追求

人や物、理想、目標などを長い間、追い求めること。改まった場面で使う語

☐ **He hopes to pursue a career in medicine.**
彼は医学の道を目指したいと思っている。

☐ **The pursuit of happiness is an essential human right.**
幸福の追求は、人間の本質的な権利だ。

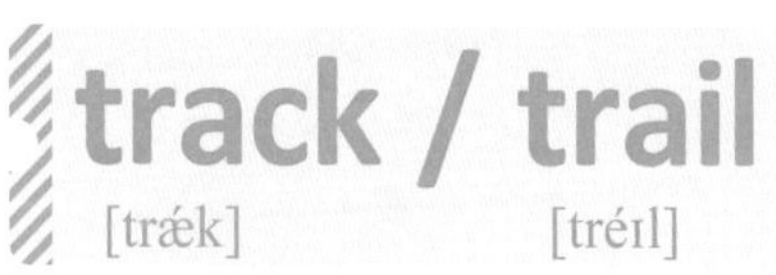

語源 引く
track＝馬の通った道
trail＝引きずる
☞trahere＝引く

動 ～の足跡を追う、～を突き止める
名 小道、跡

動物や人が残した足跡や、においなどを追うこと

☐ **The hunter tracked deer.**
猟師はシカの後を追った。

☐ **He trailed the criminal to his hideout.**
彼は隠れ家まで犯人を追いかけた。

13 置くにはどれを使う？

語源 押す

動 ～を置く、～を載せる
活用 put-put-put

特に目的はなく、適当な場所に無造作にポンと置くイメージ。位置の移動に焦点がある

□ **He put his bag on the desk.**
彼はバッグを机に置いた。

□ **Put your bag aside.**
バッグを脇に置きなさい。

語源 （特定の場所に）置く ☞sed＝座る

動 ～を置く、～を配置する
活用 set-set-set

ある目的を持って、定められた場所にきちんと置くこと。位置の移動の結果として目的が達成されることに焦点がある

□ **He set the dishes on the table.**
彼はお皿をテーブルに並べた。

□ **She set the alarm for 6 o'clock.**
彼女は6時にアラームをセットした。

語源 平らな
☞pele=平らな、広げる

動 ～を置く、～を据える
名 場所、家

定められた場所や自分が意図した場所に丁寧に置くこと、据えること

☐ **Please place your book back on the shelf.**
本を棚の元の位置に戻してください。

☐ **Keep your passport in a safe place.**
パスポートを安全な場所にしまっておきなさい。

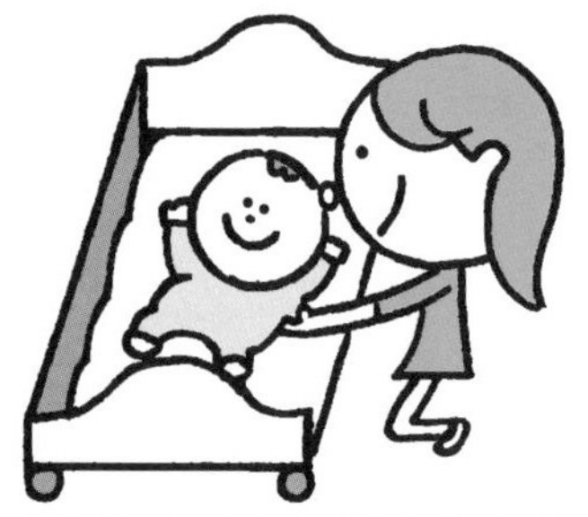

語源 横にする

動 ～を置く、～を載せる、～を横にする
活用 lay-laid-laid

横になるように置くこと

☐ **The mother laid her baby in the crib.**
母親は赤ちゃんをベビーベッドに寝かせた。

☐ **He laid his hand on her shoulder.**
彼は彼女の肩に手を置いた。

14 押す にはどれを使う？

push
[púʃ]

語源 たたく

動 ～を押す、押しのけて進む、～を促す
名 押すこと

pull（引く）の対義語で、自分と反対の方向へ、力を加えて移動させること。push the button（ボタンを押す）は動いているボタンに焦点がある

☐ **I slowly pushed the door open.**
私はゆっくりとドアを押し開けた。

☐ **He pushed me for payment.**
彼は私に支払うように催促した。

press
[prés]

語源 押す
☞per＝先に、導く

動 ～を押す、～を押しつける、しきりに勧める
名 報道機関、記者団

位置を変化させない物に対して、一定の圧力を加え影響を与えること。press the button（ボタンを押す）はボタンを押さえこむイメージでボタンは見えない

☐ **Press the red button.**
赤いボタンを押しなさい。

☐ **He pressed me for an answer.**
彼は私に答えを迫った。

15 引く にはどれを使う？

pull

[púl]

語源 羽をむしり取る

動 ～を引く、～を引っ張る
名 引くこと、魅力

しっかり手で握り、力を込めて自分のほうへ移動させること。pull the curtain（カーテンを閉める）は無造作に閉めるイメージ

☐ **Don't pull so hard.**
そんなに強く引っ張らないで。

☐ **I had my cavity pulled out today.**
今日、虫歯を抜いてもらった。

draw

[drɔ́:]

語源 引く

動 （線）を引く、～を描く、～を引き出す
活用 draw-drew-drawn
名 引くこと、くじ引き

安定した速度と力でゆっくりと滑るように引くこと。負荷がある物を、水平方向または斜め上のほうに引きずるように動かすことならdrag

☐ **He is good at drawing cartoons.**
彼は漫画を描くのが得意です。

☐ **He dragged his heavy baggage to the airport.**
彼は重い手荷物を空港まで引きずっていった。

16 落ちる、こぼれるにはどれを使う？

語源 落ちる、朽ちる

動 落ちる、倒れる
活用 fall-fell-fallen

重力に抵抗する力や支えを失って、上から下へ移動すること。ひらひら舞い落ちる木の葉のように、空気の抵抗を受けながらゆっくりと落ちるというニュアンスがあり、必ずしも垂直落下をするわけではない

- [ ] **That tree is about to fall.**
  あの木は今にも倒れそう。
- [ ] **Plaster is falling off the wall.**
  しっくいが壁からはがれ落ちている。

語源 液状の球体が落ちる

動 落ちる、～を落とす、落下する、倒れる

特に重量のある物体が、空気の抵抗を感じさせずに重力の法則に従って加速しながら垂直落下すること。「ストン」「ドスン」と急激に落ちるイメージで、突発性や意外性を示唆する。「意図的に落とす」という意味もある

- [ ] **Newton saw an apple drop from a tree.**
  ニュートンは、リンゴが木から落ちるのを見た。
- [ ] **They dropped an atomic bomb on the city.**
  彼らは原爆をその都市に落とした。

drip
[dríp]

語源 粒になって落ちる

動 滴り落ちる、(〜が)ポタポタ落ちる、〜をポタポタ落とす
名 しずく、滴り

ドリップコーヒーのように、液体がしずくの形で断続的に落ちること

☐ **Sweat was dripping from his forehead.**
汗が彼の額からポタポタ落ちていた。

☐ **A drop of water dripped down from the ceiling.**
天井から水が1滴垂れた。

trickle
[tríkl]

語源 流れる

動 ちょろちょろ流れる、滴り落ちる
名 滴り、しずく

液体が上から下へ1滴ずつ、または連続してゆっくり流れること

☐ **Water is trickling from a tiny hole in the barrel.**
樽の小さな穴から水が滴り落ちている。

☐ **Tears are trickling down her cheeks.**
彼女の頬から涙がこぼれている。

17 驚く にはどれを使う？

語源 sur（上から）＋prise（つかむ）

動 ～を驚かす、びっくりさせる
名 驚き
形 surprising　驚くべき

不意を突かれたときの驚きを表す最も一般的な語で、良いことにも悪いことにも使える

☐ **I was surprised to hear the news.**
その知らせを聞いて、びっくりした。

☐ **What a surprise to see you here!**
ここで会うなんて、びっくりです。

語源 as（外で）＋ton（音、雷）＋ish（する）

動 （ひどく）～を驚かす
名 astonishment　（大変な）驚き
形 astonishing　（信じられないくらい）びっくりさせる

外に大きな雷が落ちた時の驚きを表し、同語源のastoundはそれ以上の驚きを表す

☐ **I was astonished by his familiarity with history.**
彼が歴史に詳しいことに非常にびっくりした。

☐ **It's astonishing that she said such a thing.**
彼女がそんなことを言ったとは、びっくりだね。

amaze

[əméɪz]

語源 a（〜のほうへ）＋
maze（迷路）

動 （ひどく）〜を驚かす、仰天させる
形 amazing　すばらしい、驚くべき
名 amazement　びっくりすること

脱出不可能な迷路に入り込んだかのように、当惑した状態

☐ **Everyone was amazed at the news.**
みんな、その知らせに仰天した。

☐ **The view from the window is amazing.**
窓からの眺めはすばらしい。

startle

[stáːrtl]

語源 start（飛び跳ねる）＋
le（反復）
☞ster＝かたい

動 びっくりさせる、ドキッとさせる
形 startling　驚くべき、衝撃的な

「出発する」のstartは跳ねることが原義。飛び跳ねるほどの驚きを表す

☐ **I'm sorry to have startled you.**
ドキッとさせて、ごめんなさい。

☐ **The effect is startling.**
その効果は驚くべきものだ。

18 始まるにはどれを使う？

語源 跳ぶ
☞ster＝かたい

動 ～を始める、始まる、出発する
名 開始

今まで静止状態にあった物事が突然動きだし、その後もその活動や運動を継続していく「突発性」と「運動性」を表す。その場に留まっていないというニュアンスがあり、動作の開始や活動状態へ移行する運動に焦点が当てられる

□ **The engine won't start.**
エンジンが、なかなかかからない。

□ **He got off to a good start in the race.**
彼はレースでいいスタートを切った。

語源 開く、始める

動 ～を始める、始まる
活用 begin-began-begun
名 beginning　はじめ、最初

目的を達成するための活動や運動の始まり。「開始の瞬間」に焦点があり、startのような運動性はない。習い事を始めたばかりの人＝初心者はbeginner、映画や物語の「始まり」は the beginning of the movie / story

□ **The story begins in a London suburb.**
その物語はロンドンの郊外から始まる。

□ **It was the hottest summer since records began.**
記録を始めてから最も暑い夏であった。

19 終わるにはどれを使う？

finish
[fíniʃ]

語源 fin（終わり）

動 ～を終える、終わる
名 終わり、ゴール

突然始まった運動が、最終的にその目的を達成して終了状態になること。予定していたことを成し遂げること。マラソンの出発点のstarting lineを出発して最終的にたどり着くゴールが finish line

☐ **Have you finished your work?**
仕事は終わりましたか。

☐ **The race was close from start to finish.**
レースは最初から最後まで接戦だった。

end
[énd]

語源 反対側、境界

動 終わる、～を終わらせる
名 終わり、突き当たり、目的

継続状態にあったものが最終的に終了すること。finishのような運動性はなく、活動状態の終了した時点のみに焦点があり、達成感はない。「始めから終わりまで」は、from beginning to end

☐ **When did you end your relationship with him?**
彼との関係をいつ断ちましたか。

☐ **The bank is at the end of this street.**
郵便局はこの通りの突き当たりにあります。

20 変わる、変えるにはどれを使う？❶

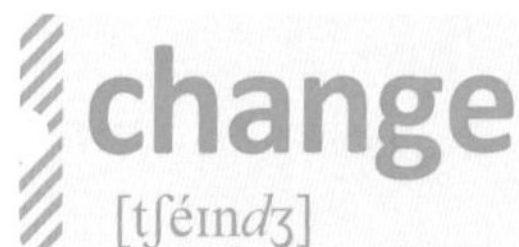

change
[tʃéɪndʒ]

語源 交換する

動 変わる、～を変える
名 変化、交換、釣銭

時や場所によって、同一の人や物の外観・内容・質・量などが全面的に変わること、変えること。他の類義語と置き換えが可能

□ **You've changed a lot since I last saw you.**
最後に会ってから、ずいぶん変わりましたね。

□ **Keep the change.**
お釣りは結構です。

alter
[ɔ́ːltər]

語源 別の(other)

動 ～を変える、変わる、～を作り変える（直す）
名 alteration　変化、手直し

全体を変えることでなく、部分的に変えること。change the planが計画を全部変更するのに対し、alter the planなら一部の変更となる。改まった場面で使う語

□ **Could you alter these trousers?**
このズボンを直していただけますか。

□ **The typhoon altered its course.**
台風は進路を変えた。

語源 曲がる

動 変わる
形 various　さまざまな
名 variety　種類、変化に富むこと

夜空の月が毎晩その形を変えるように、状況に合わせて外観や内容の一部が徐々に変わること

☐ **Tickets prices to London vary depending on the time of the year.** ロンドン行きのチケットの価格は時期によって変わる。

☐ **She published a variety of books.**
彼女はさまざまな本を出版した。

語源 分ける

動 ～を変える、変わる、～を移す
名 交換、移動

「シフト」が交代制の勤務時間、パソコンの「シフト」キーが文字や機能の切り替えに使うものであるように、場所・位置・方向・焦点などを変えること

☐ **The wind shifted from north to south.**
風向きが北から南に変わった。

☐ **I'm on the night shift this week.**
今週は夜のシフトに入っています。

20 変わる、変える にはどれを使う？❷

語源 mode（型）＋ ify（する）

動 ～を修正する、～を変更する

意見・計画・行動などの一部を、その時の状況と目的に合わせて、よい方向に変えること。機械類の構造や機能を変えること。改まった場面で使う語

□ **This car has been modified for racing.**
この車はレース用に改造された。

□ **You need to modify your diet.**
あなたは食事を変える必要があります。

語源 ad（のほうへ）＋ just（つなぐ）

動 ～を調整（調節）する、慣れる

より正確に、より目的にかなうように一部を変えること

□ **I'll adjust my schedule at your convenience.**
あなたの都合に合わせて、予定を調整します。

□ **I just can't adjust to the climate here.**
ここの気候には、どうしても慣れません。

reform

[rɪfɔ́ːrm]

語源 re（再び）＋form（形）
☞forma＝形

動 （社会や制度など）を改善する、～を改革する
名 改善、改革
名 reformation　改革

人の行動や社会、組織などの構造を、よりよいものに変えること。「家をリフォームする」はreformではなく、renovateを使う

☐ **The government reformed the education system.**
政府は教育制度を改革した。

☐ **Educational reform is necessary in this country.**
この国の教育改革が必要だ。

transform

[trænsfɔ́ːrm]

語源 trans（越えて）＋form（形）
☞forma＝形

動 ～を変形させる、～を変質させる、～を一変させる

人や物がよりよい状態になるように、外観や性格を全面的に変えること

☐ **What has transformed your way of life?**
何があなたの生活様式を一変させましたか。

☐ **A tadpole transforms into a frog.**
オタマジャクシはカエルに変わる。

21 隠すにはどれを使う？

語源 獣の皮→覆う
☞(s)keu＝覆う

動 ～を隠す、隠れる
活用 hide-hid-hidden

意図的または自然にものを隠すこと、感情を隠すこと、見えないように隠れること

☐ **Who is hiding behind the curtain?**
カーテンの後ろに隠れているのは誰ですか。

☐ **He's wearing a hat to hide his baldness.**
彼は薄くなった頭を隠すために帽子をかぶっている。

語源 隠す、守る

動 ～を埋める、(～を埋めて)隠す

地面に穴を掘って埋めることから、手で顔を覆い隠したり、感情を隠したりすること

☐ **He always sleeps with his face buried in the pillow.**
彼はいつも顔を枕に埋めて眠っている。

☐ **The treasure is said to be buried in this area.**
その宝はこの地域に隠されているといわれている。

conceal
[kənsíːl]

語源 con（完全に）＋ceal（覆う）→すっぽりかぶせる

動 ～を隠す、（事実や感情）を秘密にする
名 concealment 隠匿（いんとく）

何かをすっぽりかぶせることが原義。主に不正や犯罪、事実や情報などを隠すこと。改まった場面で使う語

☐ **He concealed the fact that he had received the money.**
彼はそのお金を受け取っていたことを隠した。

☐ **Concealment of evidence is against the law.**
証拠隠匿は法律違反だ。

disguise
[dɪsgáɪz]

語源 dis（離れて）＋guise（外見）
☞weid＝見る、見える

動 ～を変装させる、～を隠す
名 変装、見せかけ

人に悟られないように声や姿を変えることから、事実や本心を隠すこと

☐ **He disguised the fact that he was married.**
彼は結婚していることを隠した。

☐ **The robber was in disguise.**
その強盗は変装していた。

22 我慢する、耐えるにはどれを使う?

bear
[béər]

語源 運ぶ、産む
☞bher=運ぶ

動 ～に耐える、～を運ぶ、～を支える、～を産む
活用 bear-bore-born
形 unbearable　耐えられない

痛みや困難など不快なものに耐えること。主に書き言葉で使われる語

□ The pain was more than he could bear.
その痛みは、彼には耐えがたいものだった。

□ My toothache is unbearable.
歯の痛みには耐えられない。

stand
[stǽnd]

語源 立つ
☞sta=立つ、ある

動 立っている、位置している、(否定文で)我慢できない
活用 stand-stood-stood

困難な状況下で立ち続けることが原義。主に否定文で使われる

□ I cannot stand this cold.
この寒さは我慢できません。

□ There stands a white church on the hill.
丘に白い教会が建っている。

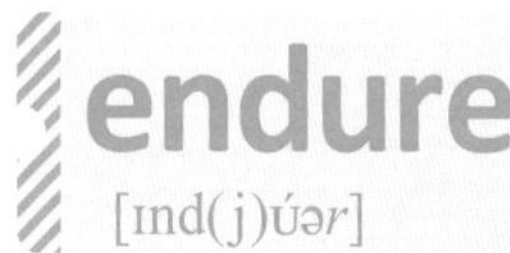

endure

[ɪnd(j)úər]

語源 en（中を）＋
dure（かためる）
→体をかためる

動 ～を耐える、～を辛抱する
名 endurance　我慢

不快で困難な状況に長期間屈することなく耐えること

☐ **They had to endure long periods of separation.**
彼らは長期間、離れ離れになることに耐えなければならなかった。

☐ **It was beyond my endurance.**
それは私の我慢の限界を超えていた。

tolerate

[tɑ́ːlərèɪt]

語源 支える、苦しむ

動 ～に耐える、～を我慢する、耐性がある
名 tolerance　寛容

同意できない行為や考えを、仕方なしに受け入れること

☐ **There is a limit to what I can tolerate.**
我慢できることにも限界がある。

☐ **Tolerance is the most important factor for a happy marriage.**　寛容は、幸せな結婚にとって最重要な要素だ。

23 借りる、貸すにはどれを使う?

use
[jú:z]

語源 使う、習慣

動 ～を借りる、～を使う
名 [jú:s]　使用、用途

移動させられない物や施設を借りて使うこと

☐ **Can I use the restroom?**
トイレをお借りしてもいいですか。

☐ **This dictionary is of no use.**
この辞書は役に立たない。

borrow
[bá:rou]

語源 保証する

動 ～を借りる
名 borrowing　借入金

移動できる物を、返す約束でお金を払わずに借りること。固定電話が主流だった頃は「電話を借りる」はuse the phoneが正しく、borrow the phoneは誤りとされたが、携帯電話は移動できるので、最近はborrow the phoneもよく使われている

☐ **Can I borrow your pen?**
あなたのペンを借りてもいいですか。

☐ **He has large borrowings from the bank.**
彼は銀行から多額の借入金がある。

rent
[rént]

語源 与える

動 ～を賃借りする、～を賃貸しする
名 使用料、賃貸料

定額を払って家や部屋を借りる(貸す)こと、車や自転車、DVDなどを短期間借りる(貸す)こと

☐ **I rented a bike for 1,000 yen a day.**
私は1日1,000円で自転車を借りた。

☐ **I rented my summer cottage to them.**
私は彼らに避暑地の別荘を貸した。

lend
[lénd]

語源 与える、贈る

動 ～を貸す
活用 lend-lent-lent

返してもらうことを前提として、一時的に誰かに何かを与えること。主語が銀行などの金融機関の場合は、利子を取って貸すこと

☐ **Will you lend me some money?**
お金を少し貸してくれる？

☐ **The bank didn't lend him any money.**
銀行は彼に一銭も貸さなかった。

24 噛むにはどれを使う？

bite

[báɪt]

語源 裂く

動 (～を)噛む、噛みつく、刺す

活用 bite-bit-bitten

名 かむこと、一かじり分の食べ物

人や動物が歯と歯を噛み合わせて何かを切ろうとする行為で、ガブリと1回だけかじる行為

□ **A barking dog seldom bites.**

負け犬の遠吠え(吠える犬はめったに噛まない)。

□ **Please give me a bite.**

味見させてよ。

chew

[tʃúː]

語源 噛む

動 (食べ物)を噛む、噛んで食べる、よく噛む

飲み込みやすくするために口の中で何度も噛むこと

□ **Don't chew gum in class.**

授業中にガムを噛んではいけません。

□ **I can't chew this steak.**

このステーキは噛めない。

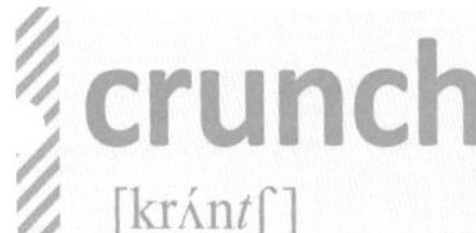

crunch

[krʌ́ntʃ]

語源 擬音語

動 (ポリポリ)～を嚙む、～を嚙み砕く
名 嚙み砕く音、踏みつぶす時の音

やかましい音を立てて嚙み砕くこと、バリバリ、シャキシャキ、ボリボリ嚙むこと

☐ **She is crunching a rice cracker noisily.**
彼女はやかましく音を立てて、お煎餅をかじっている。

☐ **I like the crunch of an apple.**
私はリンゴをかじった時の音が好きです。

nibble

[níbl]

語源 nib(かじる)＋ble(反復)

動 (少しずつ)をかじる
名 一かじり(の量)、一嚙み(の量)

食べ物を少しずつ、かじって食べること

☐ **He drank wine while nibbling some cheese.**
彼はチーズを、ちびりちびりかじりながらワインを飲んだ。

☐ **Have a nibble of this chocolate.**
このチョコレートを一口食べて。

25 決めるにはどれを使う？

determine

[dɪtə́ːrmən]

語源 de（完全に）＋
term（限界→限界をはっきり定める）

動 （～を）決心する、決定する、特定する
名 determination　決心、決定、決断力

熟慮や調査の結果、確信を持って決定すること。決定するまでのプロセスに焦点がある

☐ **I'm determined to leave this company.**
この会社を辞めることに決めました。

☐ **He is a man of courage and determination.**
彼は勇気と決断力のある男だ。

decide

[dɪsáɪd]

語源 de（離れて）＋
cide（切る）
→迷いを切り取る

動 （～を）決心する、決定する
名 decision　決定、決心
形 decisive　決定的な

同意に達しない状態を打ち切って、問答無用に決定すること。決定した行為そのものに焦点がある

☐ **I decided not to go abroad to study.**
私は留学しないことに決めた。

☐ **You have to make a decision by tomorrow.**
あなたは、明日までに決心しなければなりません。

settle
[sétl]

語源 set(置く)+
tle(反復)
☞sed=座る

動 ～を決める、～に決着をつける、落ち着く

decide以上に、問答無用に決定すること

☐ **It's all settled then.**
それで話は決まった。

☐ **The storm settled down.**
嵐は収まった。

resolve
[rɪzάːlv]

語源 re(元に)+
solve(解く)

動 ～を決心する、～を決議する、～を解決する
名 resolution　決意、解決、抱負

determineと同義で、よりはっきりとした目的と確信を持って決定し、解決すること

☐ **He resolved never to marry again.**
彼は二度と結婚しないと決心した。

☐ **I make a New Year's resolution every year.**
私は毎年、新年の抱負を立てます。

26 拒否するにはどれを使う？

refuse

[rɪfjúːz]

語源 re（元に）＋ fuse（注ぐ）

動（～を）断る、（～を）拒む
名 refusal　拒否

相手に「注ぎ返す」が原義。申し出・招待・要求など差し出されたものの受け取りを拒否すること

□ **If you refuse to leave, I'll call the police.**
もし出ていくことを拒むなら、警察を呼びます。

□ **He gave me a flat refusal.**
彼にきっぱりと断られた。

reject

[rɪdʒékt]

語源 re（元に）＋ ject（投じる）

動（きっぱりと）～を拒絶する、～を突き返す
名 rejection　拒絶

相手に「投げ返す」が原義。申し出・提案などに対して相手を忖度せずにきっぱりと断ること

□ **The boss rejected my suggestion.**
上司は私の提案を拒絶した。

□ **I got a rejection email from a recruiter.**
採用担当者から断りのメールが来た。

decline
[dɪkláɪn]

語源 de（下に）＋
cline（傾く）
→頭を下に傾ける
☞klei＝傾く

動（～を）断る、減少する、低下する
名 減少、衰え

「相手に頭を下げる」が原義。申し出や招待などを受け入れられないことを丁重に断ること

☐ **I have to decline his invitation.**
彼の招待を断らなければなりません。

☐ **The birthrate is on the decline.**
出生率は減少している。

disobey
[dìsəbéɪ]

語源 dis（でない）＋
obey（従う）
☞au＝感じる

動 ～に服従しない
形 disobedient　反抗的な

規則や言われたことに従わないこと

☐ **She was bold enough to disobey his order.**
彼女は大胆にも、彼の命令に服従しなかった。

☐ **He was disobedient to his parents when young.**
彼は若い頃、両親に反抗的だった。

27 許可するにはどれを使う？

語源 al（のほうへ）＋ low（ほめる）

動 ～を許可する、～を可能にする、～を認める
名 allowance　手当、小遣い

教師・親・上司などが自己の判断で下の者に許可を与えること。消極的な暗黙の了解を表す。店の主人の判断で「ペット可」ならPets Allowedとなる

□ **The mother allowed her child to play outside.**
母親は子供に外で遊ぶことを許した。

□ **My weekly allowance is 3,000 yen.**
私の１週間のお小遣いは3,000円です。

語源 per（完全に）＋ mit（投げる）
☞mittere＝置く、投げる

動 ～を許可する、～を許す、～を可能にする
名 [pə́rmit]　許可書（証）、免許証
名 permission　許可

法律や規則に基づいて公的な許可を与えることで、積極的な許可を表す。改まった場面で使う語

□ **Smoking is permitted in this room only.**
喫煙は、この部屋のみ可。

□ **You can't park here without permission.**
許可なく、ここに駐車することはできません。

28 禁止するにはどれを使う？

forbid
[fərbíd]

語源 for（対して）＋
bid（気づく）
→気づかせる

動 〜を禁ずる
活用 forbid-forbade-forbidden

allowの対義語で、規則や個人の判断で禁止すること。禁止する側と禁止される側の間に、何らかの個人的な関係があることを暗示する

□ **My parent will forbid me to marry her.**
両親は、私が彼女と結婚することを認めないでしょう。

□ **It is forbidden to eat beef in Hinduism.**
ヒンズー教では牛肉を食べることは禁じられている。

prohibit
[prouhíbət]

語源 pro（前で）＋
hibit（保つ）
→前に立って保持する

動 〜を禁止する

permitの対義語で、法律や規則によって公的に禁止すること

□ **Taking photos is prohibited inside the church.**
教会の中での写真撮影は禁止されている。

□ **Parking is strictly prohibited on this street.**
この通りでの駐車は厳しく禁じられている。

29 切る、裂くにはどれを使う？

語源 ナイフで切る

動 ～を切る
活用 cut-cut-cut
名 切り傷、切ったもの、削減

先の尖った物や、ハサミやナイフなど刃がついた道具で切ること

□ **I cut my finger with the kitchen knife.**
キッチンナイフで指を切ってしまった。

□ **This cut really hurts.**
この切り傷がとても痛みます。

語源 **擬音語**

動 ～を刈る、～を切り取る
名 clippers　はさみ

ハサミを小刻みに動かしてチョキチョキ切り取ること。「爪切り」はclippers

□ **I have to clip my nails.**
爪を切らないと。

□ **Can I use these nail clippers?**
この爪切りを使ってもいいですか。

語源 (引き)裂く、破壊する

動 ～を引き裂く、～をちぎる、破れる
活用 tear-tore-torn

縫い目や折り目のない紙や布などを、無理やりずたずたに引き裂くこと

- ☐ **She tore a sheet of paper in two.**
  彼女は紙を２枚に引き裂いた。
- ☐ **The paper tears very easily.**
  その紙はとても簡単に破れてしまう。

語源 ひったくる

動 ～を引き裂く、～をもぎ取る、破れる、ほころびる

紙や布などの抵抗が最も少ない部分を、一定の線に沿ってビリッと引き裂くこと

- ☐ **She ripped a sheet of paper in two.**
  彼女は紙を２枚にちぎった。
- ☐ **My pants ripped when I sat down.**
  座った時にズボンが破れてしまった。

30 議論するにはどれを使う？

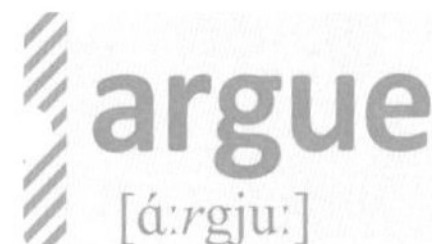

argue
[ɑ́ːrgjuː]

語源 明るくする

動 議論する、口論する
名 argument　議論

意見を論理立てて明快に説明する際に、一方的に大きな声で主張すること

☐ **They are always arguing with each other.**
彼らはいつもお互いに言い争っている。

☐ **The argument developed into a fight.**
その口論はけんかになった。

discuss
[dɪskʌ́s]

語源 dis（離れて）＋cuss（揺さぶる）→揺さぶって粉々にする

動 ～について討論する、～を話し合う
名 discussion　討論

友好的な雰囲気で問題解決のためにお互いが納得いくまで話し合うこと

☐ **We discussed the matter over lunch.**
私たちは昼食を取りながら、そのことを話し合った。

☐ **The project is under discussion.**
その計画は協議中です。

語源 de(完全に)+bate(たたく)
☞batre=たたく、打つ

動 (〜を)討論する
名 討論(会)、ディベート

どちらが正しいかを決めるために、一定のルールに従って意見を主張し合うこと

☐ **The two political parties debated the reform plans.**
二つの政党は改革案について討論した。

☐ **The debate is getting heated.**
討論は白熱してきた。

語源 dis(離れて)+pute(考える)

動 〜を議論する、〜に反論する
名 論争、口論

自分に都合のいいように感情的に意見を述べ、相手に反論すること

☐ **It is no use disputing with him.**
彼と議論しても無駄だ。

☐ **The evidence for climate change is beyond dispute.**
気候変動の証拠は、議論の余地がない。

31 軽蔑する、侮辱するにはどれを使う？

語源 de（下に）＋
spect（見る）
☞spek＝見る、観察する

動 〜を軽蔑する

特に不道徳な行為をする人を見下すこと

□ I **despise** those who tell lies.
私は嘘をつく人を軽蔑します。

□ They **despise** each other.
彼らは、お互いに軽蔑し合っている。

disrespect
[dìsrɪspékt]

語源 dis（でない）＋
respect（尊敬する）
☞spek＝見る、観察する

動 〜を軽視する、〜に無礼を働く
名 無礼、軽視

「尊敬しない」が原義。相手に対して礼を欠いた行為をすること。disrespectのrespectが取れて、disだけで「ばかにする」「軽蔑する」の意味で使われる

□ Don't **disrespect** me like that.
そんなふうに私を軽視しないで。

□ No **disrespect** to the team, but it wasn't their best performance.
そのチームに失礼なことを言うつもりはないが、最善の出来ではなかった。

insult

[ɪnsʌ́lt]

語源 in（上に）＋sult（跳ぶ）

動 ～を侮辱する
名 [ínsʌlt]　侮辱

他人に対して無礼な言動を取ること

□ **I have never been so insulted in my life!**
私は人生でこれほど侮辱されたことはない。

□ **That's like adding insult to injury.**
それは傷に侮辱を加えるようなものだ。➡それは追い討ちをかけるようなものだ。

scorn

[skɔ́ːrn]

語源 s（外に）＋corn（角）→力の象徴である角をもぎ取る

動 ～を軽蔑する
名 軽蔑、侮り
形 scornful　軽蔑した、さげすむ

despiseよりも意味が強く、あざけりや物笑いの種というニュアンスが強調される

□ **He scorned my plan as worthless.**
彼は私の計画を価値のないものとばかにした。

□ **He gave a scornful laugh at my proposal.**
彼は私の提案を軽蔑するように笑った。

語源 ex（外に）＋
sting（刺す）
☞steig＝刺す

動（火や光）を消す、消滅させる
形 extinct　絶滅した
名 extinction　絶滅

電気・火・光などを消すこと、感情や思想を消滅させること。改まった場面で使う

□ **Extinguish your cigarette before going to bed.**
寝る前にタバコの火を消すこと。

□ **This bird is in danger of extinction.**
この鳥は絶滅の危機にある。

erase
[ɪréɪs]

語源 e（外に）＋
rase（こする）

動 ～を消し去る、～を消す
名 eraser　消しゴム、ホワイトボード拭き

記録された文書や映像を完全に消すこと、字や絵を消しゴムで消すこと

□ **Use a pencil so that you can erase it later.**
後で消せるように、鉛筆を使いなさい。

□ **Can you pass me the eraser?**
消しゴムを取ってくれますか。

語源 e（外に）＋
limit（戸口）
→戸口の外に

動 〜を削除する、〜を除去する
名 elimination　削除、除去

「戸口の外へ出す」が原義。いらなくなったものを完全に削除すること。改まった場面で使う語

□ **Pork is eliminated from their diet.**
彼らの食事から豚の肉は除かれます。

□ **The first goal is the elimination of poverty.**
最初の目標は貧困の根絶である。

delete
[dɪlíːt]

語源 de（離れて）＋
lete（拭く）

動 〜を削除する

コンピューター上で、文書の一部または全部を削除すること

□ **Can you show me how to delete my Facebook account?**
フェイスブックのアカウントの削除方法を教えてくれますか。

□ **Press the delete key.**
デリートキーを押してください。

33 好むにはどれを使う？

語源 喜ばす、満ち足りた

動 ～を好む、～が好きである
名 likes　好み、好きなもの

「気持ちが満ち足りた状態」が原義。人やものが「好きである」という気持ちを表す最も一般的な語。とても好きなら、I like chocolate very much. とする

□ **I like chocolate.**
私はチョコレートが好きです。

□ **I have no likes and dislikes when it comes to food.**
食べ物の好き嫌いはありません。

語源 世話をする、強い願望

動 ～を愛する、～が大好きである
名 愛、恋愛、恋、恋人

「世話をしたくなるほど愛らしく思う」が原義。人やものが大好きであるという気持ちを表す。「とっても（好き）」という程度の強さを含む強意語なので、I love cats very much. とすることはできない

□ **I love cats.**
私はネコが大好きです。

□ **I fell in love with her at first sight.**
私は彼女に一目ぼれした。

prefer

[prɪfə́ːr]

語源 pre（前に）＋
fer（運ぶ）
☞bher＝運ぶ

動 ～が好きだ、～のほうが好きである
名 preference　優先、優遇、好み

「自分の前に持ってくる」が原義。二つの物や事柄を比べて、一方をより好むことを表す

☐ **I prefer cats to dogs.**
私はイヌよりネコのほうが好きです。

☐ **I eat fish in preference to meat.**
私は肉よりも魚を食べる。

adore

[ədɔ́ːr]

語源 ad（～のほうへ）＋
ore（声）
→神に声をかける

動 ～を崇める、～が大好きである
形 adorable　とても可愛い

宗教儀式で神を崇（あが）めることから、love以上に大好きであることを表す

☐ **I adore cats.**
私はネコが大好きです。

☐ **What an adorable baby!**
なんて可愛い赤ちゃん！

34 壊す にはどれを使う？

語源 壊す

動 ～を壊す
活用 break-broke-broken
形 broken　壊れた、故障した

外的な力を加えて、一瞬で二つ以上に分散させること

☐ **Who broke the window?**
窓を割ったのは誰ですか。

☐ **This vending machine is broken.**
この販売機は壊れている。

語源 de（でない）＋stroy（積み上げる）
☞stere＝広げる

動 ～を破壊する、～を台無しにする
名 destruction　破壊
形 destructive　破壊的な、有害な

跡形もなくなるほど暴力的な力で、徹底的にbreakの状態にすること

☐ **The old building was destroyed by a bomb.**
その古いビルは爆弾で解体された。

☐ **This substance is destructive to our health.**
この物質は健康に有害である。

ruin

[rú:ɪn]

語源 崩れ落ちる

動 ～を台無しにする、～をだめにする
名 荒廃、破滅、廃墟、遺跡

1回の破壊的な行為ではなく、長い年月や風雪などによってダメージを与えること

☐ **The island has been ruined by tourism.**
その島は観光産業によって破壊されてきた。

☐ **She visited a lot of Roman ruins in Europe.**
彼女はヨーロッパでローマ時代の遺跡をたくさん見学した。

wreck

[rék]

語源 がらくた

動 (家、列車、車など)を破壊する、～を難破させる
名 難破船、破損車、倒壊家屋

破片の山ができるまで何度も何度もたたき、使えない状態にすること

☐ **I wrecked my car in the accident.**
私はその事故で車を大破させてしまった。

☐ **The house was a worthless wreck after the earthquake.**
その家は地震で無残にも倒壊した。

35 刺すにはどれを使う？

pierce
[píərs]

語源 通す

動 ～を突き刺す、～を突き通す
形 piercing　突き刺すような、鋭い、甲高い

先の尖った物を刺したり、弾丸を貫通させたりして、薄い層状の物に穴を開けること

☐ **She had her ears pierced.**
彼女は耳にピアスをしてもらった。

☐ **I have a piercing pain in my stomach.**
お腹が突き刺すように痛い。

stab
[stǽb]

語源 杭

動 ～を刺す、～を突き刺す
名 刺し傷、刺すような痛み

剣やナイフなどの刃物を、貫通させずにグサリと刺すこと

☐ **The robber stabbed him in the back with a knife.**
強盗はナイフで彼の背中を刺した。

☐ **Her words stabbed at me.**
彼女の言葉は、私の心に深く刺さった。

sting
[stíŋ]

語源 刺す

動 〜をトゲで(チクリと)刺す、〜をヒリヒリさせる
活用 sting-stung-stung
名 トゲ、刺し傷、刺すこと

バラなどの植物のトゲや、ハチなどの昆虫が人間の皮膚を刺すこと

☐ **A bee stung me on the hand.**
ミツバチが私の手を刺した。

☐ **The sting of a jellyfish is very painful.**
クラゲに刺されると、とても痛い。

prick
[prík]

語源 点で印をつける

動 〜をチクリと刺す、〜に小穴を開ける
名 チクリと刺すこと

針のように先の尖った物で軽く刺して、小さな穴を開けること

☐ **He pricked his little finger on the needle.**
彼は針で小指を刺してしまった。

☐ **I feel a prick on my index finger.**
人差し指がチクチク痛む。

36 させるにはどれを使う？

have
[hæv]

語源 つかむ
☞kap＝つかむ

動 ～にさせる、～にしてもらう、持つ
活用 have-had-had

「～を持っている」という意味のhaveは、自分の支配が及ぶ範囲内のことについて使う語。子供や部下など、自分の権限や裁量が及ぶ範囲の者が対象となり、当然するはずのことをさせること

☐ **He** had **the taxi wait while shopping.**
彼は買い物の間、タクシーを待たせた。

☐ **I** have **two cars.**
私は車を２台持っている。

make
[méɪk]

語源 パンをこねる

動 ～にさせる、～を作る
活用 make-made-made

「一定の力を加えながらこねてパンを作る」ように、相手の意思に逆らって無理やりさせるような状況を作ること

☐ **I'll** make **you a sandwich.**
あなたにサンドイッチを作ってあげよう。

☐ **The mother** made **her son brush his teeth.**
母親は息子に歯を磨かせた。

語源 取る、つかむ

動 ～にさせる、～にしてもらう、～される
活用 get-got-got

相手を説得して何かをしてもらうことや、被害に遭うこと

☐ **I got him to attend the ceremony for me.**
彼を説得して、私の代わりに式に参列してもらった。

☐ **He got his passport stolen somewhere.**
彼はどこかでパスポートを盗まれた。

語源 ゆるめる、放つ

動 ～にさせてあげる、～を許す
活用 let-let-let

相手に自由にさせてあげること

☐ **Let me go to the party.**
パーティーに行かせてください。

☐ **I'll let you know the result later.**
後で結果を知らせます。

37 従うにはどれを使う？

語源 ob（向かって）＋ ey（聴く）
☞au＝感じる

動 ～に従う
名 obedience　従順、服従
形 obedient　従順な

「相手の言うことを聴く」のが原義。権限のある者や、規則・法律・命令などに従うこと

☐ **You should obey your parents.**
ご両親の言うことに従ったほうがいいですよ。

☐ **You should be obedient to your parents.**
ご両親の言うことに従ったほうがいいですよ。

---

comply
[kəmpláɪ]

語源 com（共に）＋ ply（満たす）
☞pele＝満たす

動 ～に従う、～に応じる
名 compliance　従うこと、コンプライアンス

「相手の気持ちを満たす」が原義。規則や要求などに従うこと

☐ **I can't comply with your request.**
あなたの依頼に応じることはできません。

☐ **He took over his father's business in compliance with his will.**　彼は父の遺言に従って、父の仕事を継いだ。

conform

[kənfɔ́ːrm]

語源 com(共に)+
form(形)
☞forma=形

動 従う
名 conformity　従順、一致

「同じ形にする」が原義。法律・規則・慣習などに従うこと

☐ **Students have to conform to school rules.**
生徒は校則に従わなければならない。

☐ **She acted in conformity to the law.**
彼女は法律に従って行動した。

submit

[səbmít]

語源 sub(下から)+
mit(置く、投げる)
☞mittere =送る

動 服従する、従う、～を提出する
名 submission　服従、提出

「相手の下に身を置く」が原義。人や命令に従うことに同意すること

☐ **He didn't submit to our decision.**
彼は私たちの決定に従わなかった。

☐ **I have to submit a report to my boss by tomorrow.**
明日までにレポートを上司に提出しなければならない。

38 支給する、寄付するにはどれを使う？

provide
[prəváɪd]

語源 pro（前もって）＋vide（見る）
☞videre＝見る
→weid＝見る、見える

動 ～を提供する、～を供給する、養う

「前を見る」が原義。将来を見据えて必要なものを提供すること

□ **They are provided with everything they need.**
彼らが必要としているものは全て与えられている。

□ **I have to provide for my family.**
私は家族を養わなければならない。

supply
[səplái]

語源 sup（下から）＋ply（満たす）
☞pele＝満たす

動 ～を支給する、～を供給する
名 供給（物）、供給量

「下から満たす」が原義。必要なのに足りていない分を補充すること

□ **They were supplied with food and blankets.**
彼らは食料と毛布を支給された。

□ **Prices change according to supply and demand.**
需要と供給に従って物価は変化する。＊英語では、supply and demand（供給と需要）の順になる

give

[gív]

語源 与える

動 〜を与える、〜を渡す
活用 give-gave-given

状況によっては有償のこともあるが、基本的には無償で「与える」こと

☐ **Please give me some money.**
お金を少しください。

☐ **Give this letter to your mother.**
この手紙をお母さんに渡しなさい。

donate

[dóuneɪt]

語源 do（与える）

動 （慈善事業に）〜を寄付する、（血液や臓器）を提供する
名 donation　寄付
名 donor　ドナー、提供者

人のために血液や臓器を提供すること、慈善事業などの組織に寄付すること

☐ **He donated the money to the poor.**
彼はそのお金を貧しい人たちに寄付した。

☐ **She makes a donation to charity every year.**
彼女は毎年、チャリティーに寄付をしている。

39 指名する、任命するにはどれを使う？

語源 名前

動 ～を指名する、～に名前をつける

選考する人や選考の方法は特に問題にせず、選んだ結果のみを重視

☐ **I was named as the captain of the team.**
私はチームのキャプテンに指名された。

☐ **I named my daughter Alice.**
私は娘をアリスと名づけた。

語源 ap（～のほうへ）＋point（指す）

動 ～を指名する、～を任命する、～を設定する

責任ある地位にいる人が公式に選ぶこと

☐ **She was appointed chairperson.**
彼女は議長に任命された。

☐ **Can you appoint the time and place for the meeting?**
会議の時間と場所を設定してくれますか。

designate

[dézɪgnèɪt]

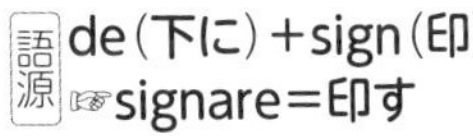

語源 de(下に)+sign(印)
☞signare=印す

動 ～を指定(指名)する、～を示す

特別な役割を与えるために公式に選ぶこと。場所・物・人に特別な目的を与えること

☐ **This area is designated as a national park.**
この地域は国立公園に指定されている。

☐ **A designated hitter ("DH") is a player who hits in place of the pitcher.** 指名打者(DH)とは、ピッチャーの代わりに打席に立つ選手である。

nominate

[nɑ́ːmənèɪt]

語源 nomen(名前)

動 ～を候補として指名する、～を推薦する、～を任命する
名 nomination　指名

「名前を挙げる」が原義。重要な地位や任務などに名前を挙げて推薦すること。映画や音楽などの賞の候補として推薦すること

☐ **The movie was nominated for an Academy Award.**
その映画はアカデミー賞の候補に推薦された。

☐ **He won the nomination on the first ballot.**
彼は最初の投票で指名を勝ち取った。

40 閉めるにはどれを使う？

語源 門や戸にかんぬきをする

動 ～を閉める、～を閉じる、閉まる、閉じる

活用 shut-shut-shut

閉める動作の開始から終了までを、一瞬のうちに終わらせることに焦点がある。shut upは「口を完全に閉じる」から「黙る」の意味になる

□ **Shut the window, Alice!**
アリス、窓を閉めて！

□ **Shut up!**
黙りなさい！

語源 閉じ込める ☞claudere＝閉じる

動 （～を）閉じる、～を閉める、閉まる

閉める動作の開始から終了までの過程に焦点があり、動作を途中でやめることもできる

□ **Will you close the window a little?**
窓を少し閉めてもらえますか。

□ **The door closes automatically.**
ドアは自動的に閉まります。

slam

[slǽm]

語源 擬音語

動 (ドア)をバタンと閉める
名 バタンという音

特に腹を立てながら大きな音を立てて、バタンと閉めること

☐ **He slammed the door so hard the windows rattled.**
彼がドアが勢いよく閉めたので、窓がガタガタ音を立てた。

☐ **The door shut with a slam.**
ドアはバタンと音を立てて閉まった。

lock

[lá:k]

語源 閉じる

動 ～に鍵をかける
名 鍵

カギをかけて閉めること

☐ **Don't forget to lock the door when you leave.**
出かける時は忘れずにドアに鍵をかけてね。

☐ **I've locked myself out of the room.**
(オートロックの部屋のホテルで)部屋に鍵を置いて出てしまった。

41 主張するにはどれを使う？

insist
[ɪnsíst]

語源 in（上に）＋
sist（立つ）
☞sta＝立つ、ある

動 ～を主張する、～と言い張る、（強く）要求する
形 insistent　しつこい

他の人から反対されても、自分が正しいことを強引に主張すること

☐ **Jack insists that he is right.**
ジャックは自分が正しいと主張している。

☐ **She insists on her innocence.**
彼女は無実を主張している。

assert
[əsə́ːrt]

語源 a(s)（～のほうへ）＋
sert（つなぐ）
→権利を自分のほうへつなぐ

動 ～を断言する、～を主張する
名 assertion　断言、主張

力強く自信を持って、あることが正しいと主張、断言すること

☐ **The lawyer asserted that his client was innocent.**
弁護士は、依頼人が無実であると主張した。

☐ **There is no basis for his assertion.**
彼の主張には根拠がない。

claim

[kléɪm]

語源 大声で叫ぶ

動 ～を主張する、～を要求する
名 主張、要求

確かな証拠もないのに、自分が正しいと主張すること。自分のものであること、当然の権利として要求すること

☐ **He claimed that he had seen a UFO.**
彼はUFOを見たと主張した。

☐ **I'll support your claim.**
あなたの主張を支持します。

allege

[əlédʒ]

語源 al(外に)+lege(証拠)→証拠を外に出して言う

動 ～を主張する、～を断言する
形 alleged 疑わしい、(証明されずに)申し立てられた

確たる証拠はないが、違法で悪いことであることを主張すること

☐ **It is alleged that he accepted bribes.**
彼は賄賂(わいろ)を受け取ったと主張されている。

☐ **He is an alleged criminal.**
彼は犯人だと疑われている。

42 調べるにはどれを使う？

check

[tʃék]

語源 チェスの王→王手→逃げ道を調べる

動 (～を)調べる、(～を)確かめる

間違いがないかどうか、正しく働いているかどうかを、手早く簡単に調べること。checkout(チェックアウト)はスーパーマーケットで買ったものを精算する場所が本来の意味

□ **Let me check it later.**
後で確認させてください。

□ **I'd like to check out.**
チェックアウトをお願いします。

examine

[ɪgzǽmən]

語源 ex(外に)動かしてみる

動 ～を調査する、～を診察する、～を試験する

名 examination　検査、試験

何かを発見するため、また、もっと多くの情報を得ようと綿密に徹底的に調べること

□ **I had my son examined by the doctor.**
医者に息子を診(み)てもらった。

□ **I'm sure you'll pass the examination.**
あなたは、きっと試験に受かります。

inspect

[ɪnspékt]

語源 in（中を）＋ spect（見る）
☞spek＝見る、観察する

動 ～を詳しく調べる、～を検査（点検・視察）する
名 inspection　検査

欠陥がないかどうか、基準に沿った正しい使い方がされているかどうかを綿密に調べること

☐ **His baggage was inspected by the customs.**
彼の手荷物は税関で詳しく調べられた。

☐ **On closer inspection, the passport was found to have been altered.**
さらに詳しく調べてみると、そのパスポートは偽造されていたことがわかった。

investigate

[ɪnvéstəgèɪt]

語源 in（中を）＋ vestig（足跡、追跡）

動 ～を詳しく調査する、捜査する
名 investigation　調査、捜査

複雑な事件や科学的な問題など、真実を見つけるために組織的に徹底的に調べること

☐ **The police investigated the matter.**
警察はその事件を詳しく調査した。

☐ **The cause of the fire is under investigation.**
火災の原因は調査中です。

43 邪魔する、妨げるにはどれを使う？

prevent

[prɪvént]

語源 pre（前に）＋vent（来る）
☞venire＝来る

動 ～を妨げる
名 prevention　防止、予防

「人の前に来る」が原義。これから行動しようと思っている時に何かが前に立ちはだかり、それを妨げること。したいと思っていることの他、嫌なことが起こらないようにする意味でも使われる

☐ **He tied me up and prevented my escape.**
彼は私を縛って、私の逃亡を妨げた。

☐ **The accident prevented me from catching my usual train.** その事故でいつもの電車に乗ることができなかった。

disturb

[dɪstə́ːrb]

語源 dis（完全に）＋turb（乱す）

動 ～を邪魔する、～をかき乱す
名 disturbance　騒動、妨害

会話や仕事や睡眠などを妨げたり、平静や秩序をかき乱したりすること

☐ **Don't disturb me while I'm studying.**
勉強中は邪魔をしないで。

☐ **The police suppressed the disturbance immediately.**
警察はただちに、その騒動を鎮圧した。

interrupt

[ìntərʌ́pt]

語源 inter（間に）＋
rupt（崩れる）
☞rumpere＝崩れる

動 ～を一時中断する、～を邪魔する、話をさえぎる

他の人が仕事や話をしている最中に、口をはさんで邪魔すること

☐ **May I interrupt you?**
お邪魔してもよろしいでしょうか。

☐ **I'm sorry to interrupt you, but you've got a phone call.**
お話し中失礼しますが、お電話がかかっています。

interfere

[ìntərfíər]

語源 inter（間に）＋
fere（打つ）
→間に入って打つ

動 邪魔する、口出しする

頼まれてもいないのに、またそうする必要もないのに、他人に干渉して物事の進行を一時的に妨げること

☐ **Don't interfere with me.**
私の邪魔をしないで。

☐ **Don't interfere in other people's affairs.**
他人のことに干渉してはいけません。

44 捨てるにはどれを使う？

語源 dis（離れて）＋card（カード）→カードを捨てる

動 ～を捨てる、～を放棄する

不要な物や習慣・考えなどを捨てること。改まった場面で使う語

□ **Cut the melon and discard the seeds.**
メロンを切って種を捨ててください。

□ **I have to discard this old coat.**
この古いコートを処分しなければ。

語源 a（～のほうへ）＋ban（管理）→管理下に置く

動 ～を断念する、～を諦める、～を捨てる
形 abandoned　見捨てられた

何らかの事情で、物を手放したり見捨てたりすること

□ **The captain is the last to abandon a sinking ship.**
船長は、沈む船を捨てる最後の人だ。

□ **There is an abandoned village on the other side of the forest.** 森の反対側に廃村がある。

desert
[dɪzə́ːrt]

語源 de（離れて）＋sert（つなぐ）

動 ～を捨てる、～を見捨てる
名 [dézərt]　砂漠

義務や約束があるにもかかわらず、人や場所を見捨てること。「砂漠」の意味においては「見捨てられた土地」が原義

☐ **He deserted his wife and family for another woman.**
彼は妻と子供たちを捨てて別の女性に走った。

☐ **There is a large desert in Mexico.**
メキシコには大きな砂漠がある。

dump
[dʌ́mp]

語源 たたく

動 ～を捨てる、～を処分する
名 ゴミ捨て場

危険物や不要な物を流すように捨てること

☐ **Dangerous chemicals were dumped in the sea.**
危険な化学物質が海に投棄された。

☐ **Many people live in this dump.**
多くの人たちが、このゴミ捨て場に住んでいる。

45 説明するにはどれを使う？

explain
[ɪkspléɪn]

語源 ex（外に）＋plain（平らな）
☞pele＝平たい、広げる

動 ～を説明する
名 explanation　説明

何かを理解させるために、言葉を使って説明すること

□ **Let me explain it to you later.**
後であなたに説明させてください。

□ **There is no need for explanation.**
説明の必要はない。

describe

[dɪskráɪb]

語源 de（下に）＋scribe（書く）→書き留める

動 ～を説明する、～の特徴を述べる
名 discription　説明、描写

どんな人や、ものかを書いたり述べたりして、説明すること

□ **Can you describe the man who stole your purse?**
あなたの財布を盗んだ男の特徴を言えますか。

□ **The view from the window is beautiful beyond description.** 窓からの眺めは、筆舌に尽くせないほど美しい。

語源 il(中に)+luster(光)

動 挿絵を入れる、～を説明する
名 illustration　イラスト、説明

図解や実際の例を挙げながら、わかりやすく説明すること

☐ **Can you give me some examples to illustrate the point?**
ポイントを説明する例を、いくつか挙げてくれますか。

☐ **There are many illustrations in this book.**
この本にはイラストがたくさんある。

demonstrate
[démənstrèɪt]

語源 de(完全に)+monster(怪物→神からの警告→示す)

動 (実験や実例で)～を説明する、～を論証する
名 demonstration　デモ、実演

主に仕事の一部として、相手の前で実演しながら説明すること

☐ **Could you demonstrate how it works?**
どうやって動くか、説明していただけますか。

☐ **Many people took part in the demonstration against the government.** 政府に抗議するデモに多くの人たちが参加した。

46 育てるにはどれを使う？

grow

[gróu]

語源 緑になる

動 ～を育てる、～を栽培する、成長する、増える
活用 grow-grew-grown
名 growth　成長

人間や植物が成長すること

- ☐ **His hobby is growing vegetables in his garden.**
  彼の趣味は庭で野菜を栽培することです。
- ☐ **The girl grew up to be a scientist.**
  その彼女は成長して科学者になった。

breed

[brí:d]

語源 卵を抱く(brood)

動 繁殖させる、～を飼育する、子を産む
活用 breed-bred-bred
名 品種、系統

品種改良のために動植物を育てること、動物が子を産むこと

- ☐ **She breeds dogs professionally.**
  彼女は職業としてイヌの飼育をしている。
- ☐ **The German Shepherd is my favorite breed of dog.**
  ジャーマンシェパードは私の好きな犬種です。

rear

[ríər]

語源 後ろで見る

動 ～を育てる、飼育・栽培する
名 後部
形 後部の

子供が自立するまで後ろで見て育てること。家畜を飼育すること。作物を栽培すること

☐ **I'm looking for a good place to rear my children.**
子供たちを育てるのによい所を探しています。

☐ **She rears her child on breast milk.**
彼女は母乳で子供を育てている。

foster

[fɔ́:stər]

語源 食料を提供する
☞pa＝エサを与える

動 ～を養育する、～を育成する
形 里親の

他人の子供を一定期間引き取って面倒を見ること

☐ **He has fostered 10 children in the past 10 years.**
彼は過去10年間で、10人の子供を養育してきた。

☐ **It's difficult to find suitable foster parents.**
適切な里親を見つけるのは難しい。

47 尊敬する、ほめるにはどれを使う？

respect
[rɪspékt]

語源 re（後ろを）＋spect（見る）
→振り返って見る
☞spek＝見る、観察する

動 ～を尊敬する、～を尊重する
名 尊敬、尊重、点、関連、挨拶

自分より優れている人や、その人の性格・能力に敬意を払うこと

☐ **I respect you for your honesty.**
あなたの誠実さを尊敬します。

☐ **In this respect he is second to none.**
この点に関して、彼に勝る者はいない。

admire
[ədmáɪər]

語源 ad（のほうへ）＋mire（驚く、笑み）

動 ～を称賛する、～を敬服する
名 admiration　称賛
形 admirable　見事な

respectよりも意味が強く、感心して敬う気持ちを表す。すばらしい物を見た時に、思わず見とれて笑みを浮かべてしまうことが原義

☐ **I admire him for his courage.**
彼の勇気に敬服します。

☐ **She made an admirable speech.**
彼女は見事な演説をした。

praise

[préɪz]

語源 価値

動 ～を称賛する、～をほめる

名 ほめること、称賛

人や物の実績や価値を認めて、ほめたたえること

☐ **The teacher praised me for my efforts.**
先生は私の努力をほめてくれた。

☐ **Her behavior is worthy of praise.**
彼女の行動は賞賛に値する。

---

worship

[wə́:rʃəp]

語源 worth（価値ある）＋ship（状態）

動 ～を崇拝する、～を賛美する

名 崇拝、賛美、礼拝

神を崇拝することが原義で、神以外の人や物を盲目的に賛美すること

☐ **They worship several gods.**
彼らはいくつかの神を崇拝している。

☐ **There will be morning worship at 9:30.**
9時30分に朝の礼拝があります。

48 助けるにはどれを使う？

語源 手伝う

動 ～を手伝う、～を助ける、役立つ
名 援助、助け

一人ではできないようなことを手助けすること

□ **Please help me with my homework.**
宿題を手伝ってください。

□ **Do you need any help?**
何かお手伝いしましょうか。

語源 as（～のほうへ）＋sist（立つ）
→そばに立つ
☞sta＝立つ、ある

動 ～を助ける、～を手伝う
名 assistance　援助
名 assistant　助手

簡単な作業の手伝いや補佐をすること。改まった場面でhelpの代わりに使う語

□ **I'm willing to assist you.**
喜んでお手伝いいたします。

□ **Most students need financial assistance.**
ほとんどの学生は金銭的な援助を必要としている。

save

[séɪv]

語源 安全な(safe)

動 ～を救う、～を蓄(貯)える

☞64「保存する、保つ」

差し迫った危険や困難から救い出すこと。安全な状態にあることを暗示する

- ☐ **He jumped into the lake and saved the drowning girl.**
  彼は湖に飛び込んで、溺れる少女を救助した。
- ☐ **You saved my life.**
  あなたは命の恩人です。

rescue

[réskjuː]

語源 振り払う

動 ～を救助する
名 救助、救出

saveとほぼ同義だが、組織的で迅速な行動を暗示する

- ☐ **The firefighters rescued the boy from the burning building.** 消防士たちは燃え盛るビルから、その少年を救出した。
- ☐ **Many people were still alive when the rescue party arrived.** レスキュー隊が到着した時、多くの人たちがまだ生存していた。

49 達成するにはどれを使う？

accomplish
[əkɑ́ːmplɪʃ]

語源 ac（～のほうへ）＋
com（共に）＋
pl（満たす）＋
ish（動詞に）
☞pele＝満たす

動 ～を成し遂げる、～を熟達させる

卓越した技術と努力で、一連の課題をこなしながら達成すること

☐ **He has a mission to accomplish.**
彼には成し遂げるべき使命がある。

☐ **She accomplished her dream of becoming a violinist.**
彼女はバイオリニストになるという夢を叶えた。

achieve
[ətʃíːv]

語源 a（～のほうへ）＋
chief（頭）

動 ～を成し遂げる、～を達成する、～を獲得する
名 achievement　達成、業績

「頂上にたどり着く」ことが原義。一歩一歩確実に歩みを進めて、基準や目標を達成すること

☐ **He achieved his goal of winning the speech competition.**
彼はスピーチコンテストに優勝するという目標を達成した。

☐ **I felt a sense of achievement when I passed the exam.**
試験に合格した時に達成感があった。

attain
[ətéɪn]

語源 at(～のほうへ)＋tain(伸ばす)
☞ten＝伸ばす

動 ～を成し遂げる、～を達成する、到達する
名 attainment　達成、業績

うまくいく確信はないが、長い努力の末に、なんとか目標を達成させること。年齢や身長などが、あるレベルまで到達すること

☐ **He attained his goal through hard work.**
彼は一生懸命働いて目標を達成した。

☐ **This electric bike can attain a speed of 30 km/h in just 3 seconds.**
この電動自転車は、たったの3秒で時速30キロのスピードに達することができる。

fulfill
[fulfíl]

語源 ful(たくさん)＋fill(満たす)
☞pele＝満たす

動 (約束や義務)を果たす、実現させる、～を満たす
名 fulfillment　達成、実行

希望を叶えたり、約束や義務を果たしたりすること。要求や条件を全て満たすこと

☐ **He couldn't fulfill his promises.**
彼は約束を果たせなかった。

☐ **The company will fulfill your requirements.**
その会社は、あなたの条件を満たしてくれるでしょう。

50 たたくにはどれを使う？❶

strike
[stráɪk]

語源 打つ

動 ～を打つ、～をたたく
活用 strike-struck-struck
名 ストライキ、攻撃

意図的または偶然にたたくこと。hitよりも強くたたくことを暗示する。主に書き言葉で多用される

☐ **Strike while the iron is hot.**
鉄は熱いうちに打て。

☐ **Teachers in this state are on strike.**
この州の先生たちはストライキをしている。

hit
[hít]

語源 出くわす

動 ～を打つ、～をたたく
活用 hit-hit-hit
名 打撃、衝突

strikeと同様に意図的または偶然にたたくこと。狙って打った結果、それに当たるというニュアンス

☐ **I hit a ball over the fence.**
私が打ったボールはフェンスを越えた。

☐ **She hit me on the cheek.**
彼女は私の頬をたたいた。

beat
[bí:t]

語源 打つ(bat)
☞batre=たたく、打つ

動 (続けざまに)～を打つ、たたく、打ち負かす
活用 beat-beat-beaten
名 拍子、動悸

手や棒で繰り返したたくこと。卵やクリームをたたきつけるように泡立てること

☐ **Beat the egg with a spoon.**
スプーンで卵を泡立ててください。

☐ **Waves are beating against the shore.**
波が岸に打ち寄せている。

tap
[tǽp]

語源 **擬音語**

動 ～を軽くたたく
名 コツコツたたく音

指・足・杖(つえ)などで軽やかに静かにたたくこと

☐ **I tapped him on the shoulder.**
私は彼の肩を軽くたたいた。

☐ **He is good at tap dancing.**
彼はタップダンスが得意だ。

bang
[bǽŋ]

語源 擬音語

動 (バタン、ドンドン)とたたく、～をぶつける
名 衝撃音

物体がぶつかる音、何かをたたく大きな音

□ **He fell and banged his knees.**
彼は転んでひざをドスンとぶつけた。

□ **The door shut with a bang.**
ドアはバタンと音を立てて閉まった。

slap
[slǽp]

語源 擬音語

動 ～をピシャリとたたく
名 平手打ち

平手または平たい物で、ピシャリと大きな音を立ててたたくこと

□ **She slapped me in the face.**
=She gave me a slap in the face.
彼女は私の顔を平手打ちした。

語源 擬音語

動 ～をなでる、～を軽くたたく
名 なでること

人や動物の体を、手のひらで愛情を込めて軽くなでること

☐ **She patted me on the cheek.**
=She gave me a pat on the cheek.
彼女は私の頬をなでた。

語源 擬音語

動 ～に拍手をする、～をポンとたたく
名 拍手(の音)

喜び・感動・称賛を示すため、あるいは人の注意を引くために手をたたくこと

☐ **Everyone clapped after the concert.**
コンサートが終わると全員が拍手をした。

☐ **Let's clap our hands for the performer.**
演奏者に拍手しましょう。

51 建てる、立てるにはどれを使う？

build
[bíld]

語源 家・住居

動 ～を建てる、～を造る、～を築き上げる
活用 build-built-built

時間と労力をかけて、橋や建物などの構造物を組織的に造ること

☐ **It took five years to build this bridge.**
この橋を造るのに5年かかった。

☐ **How do you build up your vocabulary?**
語彙（ごい）はどのように増やしていますか。

construct
[kənstrʌ́kt]

語源 con（共に）＋struct（積む）
→みんなで積み上げる
☞stere＝広げる

動 ～を建設する、～を組み立てる
名 construction　建設
形 constructive　建設的な

工学的な知識や技術を用いて、部品などを組み立てながら造ること

☐ **A new airport was constructed in the suburbs of the city.**
都市の郊外に新空港が建設された。

☐ **A new airport is under construction.**
新しい空港が建設中です。

erect

[ɪrékt]

語源 e(外に)+rect(まっすぐな)→直立した
☞reg=まっすぐに、導く

動 ～を建てる、～を立てる
形 直立した

塔・像・高層ビルなどを縦の方向へ伸びるように建てること。改まった場面で使う語

☐ **The tents for the circus were erected overnight.**
サーカスのテントが一晩で建てられた。

☐ **Kangaroos can stand erect on their hind legs.**
カンガルーは後ろ足で直立することができる。

establish

[ɪstǽblɪʃ]

語源 e(外に)+stabl(立っていられる)
☞sta=立てる、ある

動 ～を設立する、～を打ち立てる、～を確立する
名 establishment　設立、施設、組織

長期間続く組織や会社を設立すること。新しい理論や記録を打ち立てること

☐ **He finally established a world record.**
彼はとうとう世界記録を打ち立てた。

☐ **The church is the oldest establishment in town.**
その教会は町で一番古い施設です。

52 食べるにはどれを使う？

eat
[íːt]

語源 食べる、食う

動 ～を食べる、食事をする
活用 eat-ate-eaten

「食事をする」の意味もあるが、食べ物を噛んで飲み込むことに焦点がある

□ **Lions eat meat.**
ライオンは肉食です。

□ **Let's eat out tonight.**
今夜は外食しよう。

dine
[dáɪn]

語源 断食をやめる

動 食事を取る、ディナーを食べる、～をディナーに招待する
名 dinner　食事、夕食

特別で改まった場面で食事を取ること

□ **We dine out at a restaurant in Tokyo once a month.**
私たちは月に1回、東京のレストランでディナーを食べます。

□ **We enjoyed dining by candlelight.**
私たちはキャンドルライトでディナーを楽しんだ。

devour
[dɪváʊər]

語源 de（下に）＋
vour（飲み込む）

動 ～をガツガツ食べる、～をむさぼり食う、～をむさぼり読む

空腹な状態で、食べ物を口に押し込みガツガツ食べること

☐ **He is always devouring his meals.**
彼はいつもガツガツ食べている。

☐ **I devoured Agatha Christie's novels.**
私は、アガサ・クリスティーの小説を読みあさった。

consume
[kəns(j)úːm]

語源 con（完全に）＋
sume（取る、買う）

動 ～を消費する、飲食する

名 consumption　消費

名 consumer　消費者

多量の物を全部食べ尽くしたり、飲み尽くしたりすること。改まった場面で使う語で、日常会話では使わない

☐ **Alcohol may not be consumed at this restaurant.**
このレストランでは飲酒はできません。

☐ **The consumption tax rate is 10% in this country.**
この国の消費税は10%です。

53 捕まえるにはどれを使う？

catch
[kǽtʃ]

語源 追いかける
☞kap＝つかむ

動 〜を捕まえる、〜をつかむ、〜に間に合う、〜に感染する
活用 catch-caught-caught

動いている物や逃げる物などを積極的につかむこと。「捕まえる」という意味では最も一般的な語で、他の類義語に置き換えることができる

☐ **Did you catch any fish in the river?**
川で魚は釣れましたか。

☐ **Did you catch the train?**
その列車に間に合いましたか。

capture
[kǽptʃər]

語源 つかむこと
☞kap＝つかむ

動 〜を捕まえる、〜を捕虜にする
名 逮捕、捕虜にすること

catchとほぼ同義で、動いている物をつかむことだが、力ずくで捕まえることに焦点がある。対象が人の場合は「捕虜にする」「逮捕する」の意味の他、注意や関心を捉える意味もある

☐ **Some of the soldiers were captured by enemy forces.**
兵士の中には敵軍に捕まった者もいた。

☐ **His kindness captured her heart.**
彼の親切な行為が彼女の心を捉えた。

arrest
[ərést]

語源 a(r)(～のほうへ)＋rest(静止、休み)
☞sta＝立つ、ある

動 ～を逮捕する、～を遅らせる
名 逮捕、止めること

「引き止める」が原義。違法なことをして警察に捕まること。悪化の進行を遅らせるという意味もある

- □ He was **arrested** for drunken driving.
  彼は飲酒運転で逮捕された。
- □ It was a wrongful **arrest**.
  それは不当逮捕だった。

trap
[trǽp]

語源 わな

動 ～をわなで捕まえる、～を捕らえる、～を閉じ込める
名 わな

「動物が踏む物」から「わな」の意味になった語。動詞は「わなにかけて捕まえる」で、危険で苦しい状況に閉じ込めるという意味でも使われる

- □ The police **trapped** the robbers in the alley.
  警察は路地で強盗たちを捕まえた。
- □ The thief was caught in a police **trap**.
  泥棒は警察のわなに捕まった。

54 作るにはどれを使う？

make
[méɪk]

語源 パンをこねる

動 ～を作る
活用 make-made-made
名 製造元、製品名

特定の材料や物質を使って物を作ること

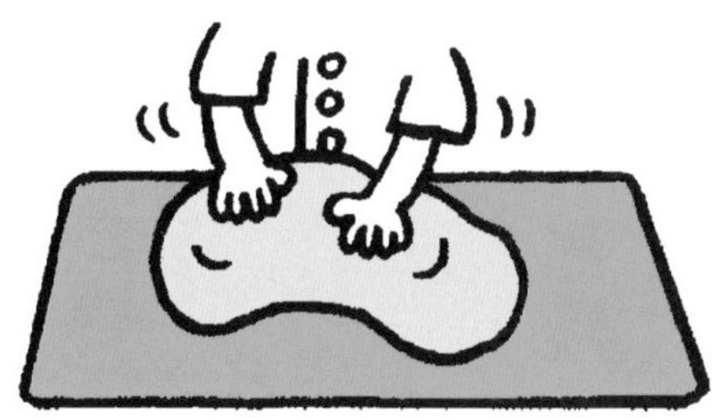

□ **Can you make my breakfast?**
僕の朝食を作ってくれますか。

□ **What make is this cell phone?**
この携帯電話はどこのメーカーですか。

create
[kriéɪt]

語源 作る、育てる
☞ker＝成長する

動 ～を創造する、～を創作する
名 creation　創造
形 creative　創造的な、独創的な
名 creature　生き物

今までになかった、新しいものを生み出すこと

□ **The artist created a lot of great paintings.**
その画家は、たくさんのすばらしい絵を世に送り出した。

□ **Her ideas are always creative.**
彼女の考えは、いつも独創的だ。

produce

[prəd(j)ú:s]

語源 pro(前に)+duce(導く)→導き出す

動 ～を生産する、製造する、産出する、取り出す
名 production　生産、製造
名 product　製品、生産物
形 productive　生産的な

売買のために物を作ること。「導き出す」の語源から「取り出す」の意味にもなる

□ **Hokkaido produces more than half of Japan's dairy products.**　北海道は、日本の酪農品の半分以上を産出している。

□ **What are the main products of this country?**
この国の主な生産物は何ですか。

manufacture

[mænjəfæktʃər]

語源 manu(手)+fact(作る)
☞man=手
☞facere=する、作る→手で作ること

動 ～を作る、～を製造(生産)する
名 製造、生産

工場で機械を使いながら大量に作ること

□ **This factory manufactures furniture by special order.**
この工場では特注で家具を製造している。

□ **This town is famous for its glass manufacture.**
この町はガラスの製造で有名です。

55 とける、とかすにはどれを使う？

melt

[mélt]

語源 火で溶かす

動 融ける、解ける、溶け込む、心がとろける

熱や圧力が加わって固体が液体になること。固体は氷や雪の他、金属・チョコレート・チーズ・バターなどでもよく、溶けた結果に焦点がある

□ **Melt butter in the frying pan.**
フライパンでバターを溶かしてください。

□ **I just melt whenever I see her.**
彼女を見ると、いつもメロメロになってしまう。

thaw

[θɔ́ː]

語源 柔らかくなる

動 (雪・氷・霜などが) 溶ける、解凍される
名 雪解けの時季・季節

加熱や気温の上昇により、氷や雪などの凍った固体が徐々に溶けること。まだ、かたさがあることを暗示し、溶けているプロセスに焦点がある

□ **The ice began to thaw on the lake.**
湖の氷が溶けはじめた。

□ **During the spring thaw, ice melts on rivers and lakes.**
春の雪解けの頃、川と湖の氷が溶ける。

dissolve

[dɪzɑ́:lv]

語源 dis（離れて）＋solve（解く）

動 ～を溶かす、溶ける、解散する、解消する

個体が液体の中で溶けていくこと。溶媒によって固体が溶けるプロセスに焦点がある

- [ ] **Sugar dissolves in water.**
  砂糖は水に溶ける。
- [ ] **He decided to dissolve the Diet.**
  彼は議会の解散を決定した。

defrost

[dì:frɔ́:st]

語源 de（離れて）＋frost（霜）

動 解凍させる、～の霜を取る、解凍する

温かくなったために、凍った部分がなくなること

- [ ] **Defrost the frozen goose meat in the fridge.**
  冷蔵庫で冷凍のカモ肉を解凍してください。
- [ ] **The turkey hasn't defrosted yet.**
  七面鳥はまだ解凍していない。

56 取り除くにはどれを使う？

語源 re（後ろに）＋
move（動かす）
☞movere＝動く

動 ～を取り除く、～を脱ぐ

ある場所から、物を動かして取り除くこと

□ **People are supposed to remove their hats here.**
ここでは、帽子は脱ぐことになっています。

□ **The dishes were removed from the table.**
お皿はテーブルから片付けられた。

語源 ab（離れて）＋
ol（育つ）

動 ～を廃止する
名 abolition　廃止

「育てなくする」が原義。法律・慣習・制度などをなくすこと

□ **It's time we abolished capital punishment.**
もう死刑を廃止する時だ。

□ **They demand the abolition of the nuclear power plant.**
彼らは原子力発電所の廃止を要求している。

exclude

[ɪksklúːd]

語源 ex(外に)＋
clude(閉じる)
☞claudere＝閉じる

動 ～を除外する、～を排除する、～を締め出す
形 exclusive　独占的な、高級な
名 exclusion　除外

人や物がある場所に入らないようにすること、締め出すこと

☐ **All reporters were excluded from the court room.**
報道陣は全て法廷から締め出された。

☐ **I had dinner at an exclusive restaurant last night.**
私は昨夜、高級レストランで食事をした。

extract

[ɪkstrǽkt]

語源 ex(外に)＋
tract(引く)
☞trahere ＝引く

動 ～を引き抜く、～を抜き出す
名 [ékstrækt]　抜粋、エキス
名 extraction　抽出

物・言葉・情報などを引っ張り出すこと

☐ **He had his wisdom teeth extracted.**
彼は親知らずを抜いてもらった。

☐ **The extract is taken from a certain book.**
その抜粋はある本から取られている。

57 なおす にはどれを使う？

mend

[ménd]

語源 正す、よくする

動 ～を直す、～を修繕する、治る、改心する

再び使えるような状態に戻すこと、誰にでもできるレベルの修理をすること

☐ **Can you mend a hole in my sock?**
靴下の穴をつくろってくれますか。

☐ **It's never too late to mend.**
改心するのに遅すぎることはない。➡過ちを改めるに、はばかることなかれ。

repair

[rɪpéər]

語源 re（再び）＋ pair（準備する）

動 ～を修理する、～を修復する
名 修理すること、修理作業

構造が複雑で特別な技術を必要とする物を修理することで、完全に元の状態に戻すこと

☐ **I had my computer repaired.**
コンピューターを修理してもらった。

☐ **This road is in poor repair.**
この道路は手入れが行き届いていない。

fix

[fíks]

語源 固定する

動 ～を修理する、～をしっかり固定する、～を決める、～を用意する

「あるべき所にしっかりと固定すること」が原義。mendとrepairの両方の意味の口語表現

☐ **This bike needs fixing.**
この自転車は修理する必要がある。

☐ **Can you fix the time and place for the meeting?**
会議の時間と場所を決めてくれますか。

restore

[rɪstɔ́ːr]

語源 re（再び）＋store（立てる）
☞sta＝立つ、ある

動 ～を修復する、～を復活させる

名 restoration　修復、返還

「元の状態に戻すこと」が原義。特に古くなった建物や美術品などを修復・復元すること

☐ **Some experts are restoring the painting.**
その絵画を数人の専門家が修復している。

☐ **The Meiji Restoration began in 1868.**
明治維新は1868年に始まった。

58 投げるにはどれを使う？

語源 ひねる、ねじる

動 〜を投げる、〜を急に動かす
活用 throw-threw-thrown
名 投げること、飛距離

素早い動きで力を込めて物を空中に投げること

□ **Don't throw trash away on the street.**
通りにゴミを投げ捨てるな。

□ **The station is within a stone's throw of my house.**
駅は、私の家から石を投げれば届く所にある。

語源 投げる

動 〜を投げる、(視線)を向ける、役を割り当てる
活用 cast-cast-cast
名 配役、さいころの目

釣り糸のように重さを感じさせない物を、あまり力を入れずに素早く投げること

□ **The tree cast a long shadow on the grass.**
木は芝生に長い影を落としていた。

□ **He was cast as Hamlet.**
彼はハムレット役を当てられた。

語源 放り上げる

動 ～を投げる、コインを投げて決める

重さを感じさせない物を無造作に投げること

☐ **He tossed some bread to the ducks.**
彼はアヒルにパンを投げた。

☐ **Let's toss a coin to decide.**
コインを投げて決めよう。

語源 尖った先でつつく

動 ～を投げる、(飛行機や船が)縦に揺れる

野球のピッチャーのように、狙いをつけながら力を込めて投げること。castと同様に重量を感じさせない物を投げること

☐ **The boy pitched a ball into the goal.**
少年はゴールめがけてボールを投げた。

☐ **The ship was pitching heavily.**
船は大きく縦揺れしていた。

59 広げる、伸ばす にはどれを使う？

expand

[ɪkspǽnd]

語源 ex（外に）＋
pand（広げる）

動 ～を広げる、発展させる
名 expanse　広々とした空間
名 expansion　拡張、拡大
形 expansive　広々とした

大きさ・数量・重要性などを増すこと

☐ **He is intending to expand his business.**
彼は事業を広げようとしている。

☐ **The house is surrounded by a vast expanse of rice fields.**
その家は広大な田んぼに囲まれている。

extend

[ɪksténd]

語源 ex（外に）＋
tend（伸ばす）
☞ten＝伸ばす

動 ～を広げる、～を伸ばす、延長する、伸びる、広がる
名 extent　程度、範囲
名 extension　拡大、延長、内線

何かを加えて、より大きく、より長くすること

☐ **I'd like to extend my visa.**
ビザを延長したいのですが。

☐ **I understand you to some extent.**
ある程度、あなたの言うことは理解できます。

spread

[spréd]

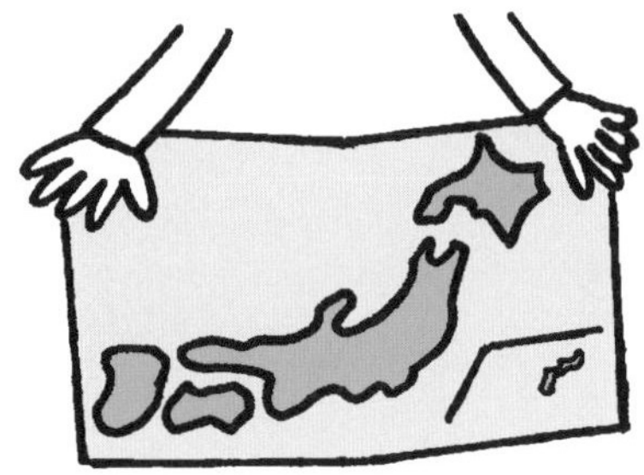

語源 広げる

動 ～を広げる、～をまく、～を塗る、広まる、散らばる

見やすくするために広げること。ニュース・噂・病気などを広めること

☐ **The fire spread through the hotel very quickly.**
火事は、あっという間にホテル中に広がった。

☐ **He spread a map on the table.**
彼はテーブルに地図を広げた。

stretch

[strétʃ]

語源 ひねる

動 ～を広げる、～を伸ばす、広がる、伸びる

名 広がり、連続

手足など体の一部を、ある特定の方向へできるだけ伸ばすこと

☐ **He stretched his arms and yawned.**
彼は両腕をめいっぱい伸ばして、あくびをした。

☐ **Have a good stretch.**
体をよく伸ばして。

60 登るにはどれを使う？

climb
[kláɪm]

語源 よじ登る

動 ～を登る

山や木に登るように、手と足を使って苦労してよじ登ること

- ☐ **I don't like climbing mountains.**
  私は山登りが好きではありません。
- ☐ **I used to climb this tree as a child.**
  子供の頃、この木によく登ったものです。

ascend
[əsénd]

語源 a(～のほうへ)＋scend(登る)

動 (～を)登る、(～を)上がる

名 ascent　登ること、上昇

climbの改まった表現で、比喩的に時代・川・道をさかのぼること

- ☐ **The path begins to ascend more steeply at this point.**
  道はこの地点で急な上り坂になる。
- ☐ **The last part of the ascent was very steep.**
  上り坂の最後の部分は、非常に険しかった。

mount

[máʊnt]

語源 山、突き出る
☞men＝突き出る

動 ～に上がる、～に乗る
名 山(=Mt.)

山・はしご・馬・自転車など、地面よりも高い所に登る(乗る)こと。改まった場面で使う語

☐ **She mounted her horse.**
彼女は馬に乗った。

☐ **Mount Everest is the highest mountain in the world.**
エベレスト山は世界最高峰の山だ。

scale

[skéɪl]

語源 はしご、登る

動 ～をよじ登る
名 規模、段階、目盛り、体重計

特に険しい崖・壁・塀・はしごなどに、よじ登ること

☐ **The climber scaled the cliff with ease.**
その登山者は簡単に崖をよじ登った。

☐ **He got onto the scale to check his weight.**
彼は体重を量るために体重計に乗った。

61 飲むにはどれを使う？

drink

[dríŋk]

語源 飲む

動 ～を飲む、お酒を飲む

活用 drink-drank-drunk

名 飲み物、アルコール飲料

液体の入ったグラスやコップなどの容器から、直接飲むこと

☐ **If you have a fever, drink a lot of water.**
もし熱があるなら、水をたくさん飲みなさい。

☐ **I'll bring you a drink.**
飲み物を持ってきます。

slurp

[slə́ːrp]

語源 擬音語

動 音を立てて飲む、すする

名 音を立てての飲食

音を立てて飲んだり食べたりすることで、欧米ではエチケットに反する食べ方

☐ **It's bad manners to slurp your soup.**
音を立ててスープを飲むのは行儀が悪い。

☐ **He took a slurp of coffee.**
彼は音を立ててコーヒーを一飲みした。

swallow
[swɑ́:lou]

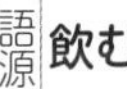

語源 飲む

動 (〜を)飲み込む
名 一飲み

飲食物が喉の力で胃まで達することで、飲み込むこと

☐ **My throat hurts when I swallow.**
物を飲み込むと喉が痛い。

☐ **He had another swallow of beer.**
彼はビールをもう一口飲んだ。

sip
[síp]

語源 ちびちび飲む

動 (〜を)少しずつ飲む、(〜を)すする
名 一口、ひとすすり

お茶や水を何回にも分けて少しずつ飲むこと。お酒をちびちびやること

☐ **I usually sip some whisky after dinner.**
夕食後は、たいていウイスキーをちびちびやります。

☐ **He had another sip of brandy.**
彼はブランデーをもう一口すすった。

62 始めるにはどれを使う？

initiate
[ɪníʃièɪt]

語源 in（中に）＋it（行く）
☞it＝行く

動 ～を始める、～を手ほどきする
形・名 initial　初めの、（名前の）頭文字
名 initiative　主導権、新構想

計画や事業を始めること。initial（イニシャル）は「中に入る」が語源で名前の頭文字の意味に

☐ **We are going to initiate a new project.**
私たちは新しい企画を始める予定です。

☐ **My initials are on the suitcase.**
私のイニシャルがスーツケースに貼ってあります。

commence
[kəméns]

語源 com（共に）＋en（中に入る）

動 開始する、～を始める
名 commencement　卒業式

公式な行事が始まること、米語のcommencement（卒業式）は、新しい生活の始まりに由来

☐ **They will commence production next week.**
来週から生産が開始される。

☐ **The commencement will be held tomorrow.**
卒業式は明日行なわれます。

launch [lɔ́ːntʃ]

語源 槍を投げる

動 ～を開始する、～を進水させる、乗り出す

新製品の紹介や新企画など、組織的な活動を開始すること

- □ **I'm thinking of launching a new enterprise.**
  新しい事業を始めようと思っている。
- □ **The company launched into a new business.**
  その会社は新事業に乗り出した。

depart [dɪpɑ́ːrt]

語源 de（離れて）＋part（分ける）→～を離れる
☞part＝分ける、一部

動 出発する
名 departure　出発

旅や目的地などに向かって出発すること

- □ **The flight departs from Narita for Taipei at 5:00.**
  その便は5時に成田から台北に出発します。
- □ **When is your departure time?**
  出発時刻はいつですか。

63 振るにはどれを使う？

語源 かき回す

動 ～を振る、揺れる、震える
活用 shake-shook-shaken

上下、左右、前後に、小刻みに素早い動きで振ること

☐ **Shake the bottle well before you use it.**
使う前にビンをよく振りなさい。

☐ **They shake hands when they first meet.**
彼らは初めて会うときには握手をする。

語源 編む、織る(weave)

動 ～を振る、合図する
名 波、高まり

波の動きのように、旗やハンカチを持った手を左右に振って合図をすること

☐ **She was waving good-bye to us.**
彼女は私たちに手を振って、さよならと言っていた。

☐ **She waved her arm when she saw us.**
彼女は私たちを見ると腕を振った。

swing
[swíŋ]

語源 激しく動かす

動 ～を振る、～を揺らす、揺れ動く
活用 swing-swung-swung
名 変動、ブランコ

バットのように、一点を中心にして弧を描くように大きく振ること

☐ **The pendulum is swinging.**
振り子が揺れ動いている。

☐ **Swing your arms when you run.**
走る時は両腕を振りなさい。

nod
[ná:d]

語源 うなずく

動 首を縦に振る、うなずく、ウトウトする

賛成・同意・挨拶のために首を縦に振ること、首を上下に振ってうとうとすること

☐ **He nodded to me as I entered.**
私が入ると彼は私に会釈(えしゃく)した。

☐ **She nodded to agree with me.**
彼女はうなずいて私に同意した。

64 震えるにはどれを使う？

語源 揺れる

動 震える、揺れる
名 地震

恐怖や笑いなど激しい感情で震えること。地面が激しく揺れること

☐ **The explosion made the ground quake.**
その爆発で地面が揺れた。

☐ **I felt the house quake.**
家が揺れるのを感じた。

語源 歯をガチガチいわせる

動 震える、身震いする
名 震え

恐怖や寒さなどで、体の一部が瞬間的にブルッと震えること

☐ **He was shivering in the snow.**
彼は雪の降る中で震えていた。

☐ **“I'm scared,” Jane said with a shiver.**
「怖い」と、ジェーンは震えながら言った。

shudder

[ʃʌ́dər]

語源 揺れる

動 震える、身震いする
名 身震い、震え

恐怖や寒さなどで、全身が瞬間的にガタガタ震えること

☐ **He shuddered at the sight of a big snake.**
大きなヘビを見て彼は身震いした。

☐ **A cold shudder ran through me.**
寒気による震えが全身に走った。

tremble

[trémbl]

語源 震える

動 震える、身震いする
名 震え、身震い

興奮・動揺・恐怖などで手足や声などが小刻みに震えること

☐ **He was trembling with fear.**
彼は恐怖で震えていた。

☐ **There is a tremble in her voice.**
彼女は声が震えている。

65 保存する、保つにはどれを使う？❶

hold

[hóʊld]

語源 見張る、守る

動 ～を押さえる、～を保つ、持ちこたえる

活用 hold-held-held

放っておくと動いてしまう物を、手で押さえてそのままの状態を保つこと

☐ **Can you hold the door open?**
ドアを開けておいてくれますか。

☐ **Hold on a minute, please.**
（電話で）少々お待ちください。

keep

[kíːp]

語源 見張る

動 ～を保つ、～を持ち続ける、続ける

活用 keep-kept-kept

自分の監視のもと、そのままの状態を保つこと

☐ **Can you keep the window open?**
窓を開けておいてくれますか。

☐ **Sorry to have kept you waiting.**
お待たせして、申し訳ありませんでした。

save
[séɪv]

語源 安全な(safe)

動 ～を蓄える、～を節約する

将来に備えて、節約して蓄えておくこと。例文のsave for a rainy dayは「雨の日のために貯金すること」から、「万一に備えて貯金する」の意味になる

☐ **He saves a little money every month.**
彼は毎月少しずつ貯金をしている。

☐ **You should save for a rainy day.**
万一に備えて貯金したほうがいいですよ。

reserve
[rɪzə́ːrv]

語源 re(後ろに)＋serve(保つ)→後に残す
☞servare＝守る、保つ

動 ～を予約する、～を取っておく
名 蓄え

特定の目的や機会のために取っておくこと

☐ **Can you reserve this seat for me?**
この席を取っておいてくれますか。

☐ **Reserved.**
(掲示で)予約済み。

65 保存する、保つにはどれを使う？❷

preserve

[prɪzə́ːrv]

語源 pre（前に）＋serve（保つ）
☞servare＝守る、保つ

動 ～を保つ、～を保存する、～を保管する
名 preservation　保存

すでにある価値の高い物を全く使わずに、そのままの状態にしておくこと

□ **The old paintings are beautifully preserved in the museum.**　博物館には古い絵画が美しく保管されている。

□ **These are preserved flowers.**
これはプリザーブドフラワーです。

conserve

[kənsə́ːrv]

語源 con（共に）＋serve（保つ）
☞servare＝守る、保つ

動 ～を保存する、～を大切に使う
名 conservation　保存、保全
形 conservative　保守的な

すでにある価値の高い物を大切に使いながら保存すること

□ **We must conserve water.**
私たちは水を大切に使わなければならない。

□ **She belongs to the Conservative Party.**
彼女は保守党に所属している。

store
[stɔ́ːr]

語源 蓄え、供給
☞sta＝立つ、ある

動 ～を蓄える、～を保存する
名 店、蓄え
名 storage　貯蔵、保管

価値の有無にかかわらず、扱いにくい物を保存すること

☐ **I store meat in a freezer.**
冷凍庫に肉を保存してある。

☐ **There is a lot of storage space in this room.**
この部屋には収納スペースがたくさんある。

maintain
[meɪntéɪn]

語源 main（手）＋
tain（保つ、伸ばす）
☞man＝手
☞ten＝伸ばす

動 ～を保つ、～を維持（管理）する
名 maintenance　管理、整備

注意深く一定のバランスを取りながら補充し、保存すること

☐ **This car costs a lot to maintain.**
この車の維持費は高い。

☐ **Who is responsible for the maintenance of this building?**
このビルの管理責任者は誰ですか。

66 減るにはどれを使う？

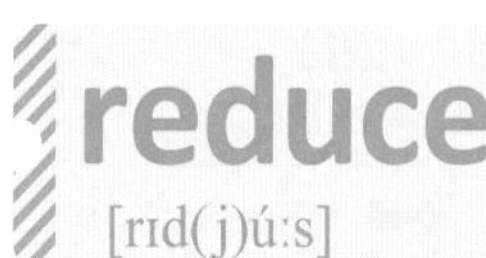

語源 re（後ろに）＋duce（導く）

動 減少させる、〜を変える、減少する、縮小する
名 reduction　減少すること、削減、値引き

ある目的で大きさや数量を減らすこと、程度や重要性などを縮小すること

☐ **The doctor advised me to reduce my weight by 5 kilograms.**
医者は私に体重を5キロ減らすように勧めた。

☐ **Can you give me a reduction?**
値引きしてくれますか。

語源 de（下に）＋crease（成長する）
☞ker＝成長する

動 減少する
名 [díkriːs]　減少

大きさや数量などが自然に少なくなること

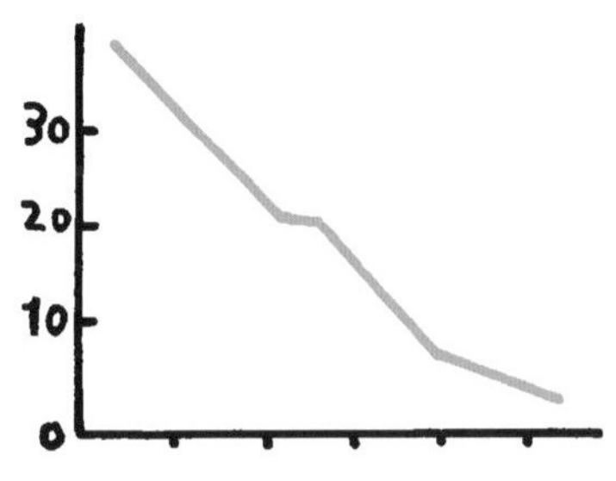

☐ **Sales have been decreasing rapidly.**
売り上げが急激に減少している。

☐ **The birthrate is on the decrease.**
出生率は減少している。

diminish

[dɪmínɪʃ]

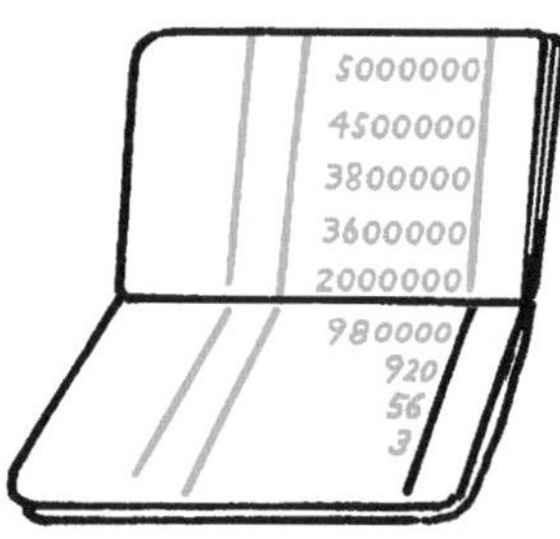

語源 di（下に）＋
mini（小さい）

動 ～を減らす、減る

徐々に小さくなって、最終的には消えてなくなることを暗示する

☐ **The supply of oil in this country has diminished.**
この国の石油の供給は減少した。

☐ **The Earth's natural resources are rapidly diminishing.**
地球の天然資源は急速に減少している。

shrink

[ʃríŋk]

語源 曲げて小さくする
（ring＝指輪）

動 縮む、減少する
活用 shrink-shrank-shrunk

本来の形や大きさよりも小さくなること、縮むこと

☐ **This wool sweater shrank when I washed it.**
このウールのセーターは、洗ったら縮んでしまった。

☐ **This shirt will shrink in the wash.**
このシャツは洗うと縮みます。

67 混ぜるにはどれを使う？

語源 混ぜる

動 ～を混ぜる、混ざる
名 mixture　混合(物)、入り混じったもの

種類の異なった物質を均一に混ぜ合わせ、新しい物質を作り出すこと

☐ **Mix the lettuce and tomatoes with salad dressing.**
レタスとトマトをサラダドレッシングで和(あ)えます。

☐ **He is always speaking in a mixture of English and Japanese.** 彼はいつも英語と日本語を混ぜて話をしている。

語源 くもらせる→混ぜる

動 ～を混ぜる、混ざる、溶け合う、調和する
名 混合物、ブレンド

長所を残したまま液体や軟らかいものを混ぜ合わせること。分離できないことを暗示

☐ **He blended the red paint with the white paint.**
彼は赤のペンキを白のペンキに混ぜた。

☐ **Blend the sugar and eggs.**
砂糖と卵を混ぜてください。

stir

[stə́ːr]

語源 回す、乱す

動 ～をかき混ぜる、～を奮起させる

容器に入った液体を、スプーンなどでぐるぐる回しながらかき混ぜること

□ **She stirred sugar into her coffee.**
彼女はコーヒーに砂糖を入れてかき混ぜた。

□ **He stirred his tea with a spoon.**
彼はスプーンで紅茶をかき混ぜた。

whip

[wíp]

語源 前後上下に動かす

動 ～をかき回して泡立てる、急に動かす、むち打つ
名 ホイップ、むち

卵やクリームを強く泡立てること

□ **He whipped the egg white until stiff.**
彼は卵白を、かたくなるまで泡立てた。

□ **She whipped her horse on.**
彼女は馬にムチを入れて走らせた。

68 守るにはどれを使う？

protect
[prətékt]

語源 pro（前を）＋tect（覆う）

動 ～を保護する、～を守る
名 protection　保護
形 protective　保護する

事前に手を打って、害が及ばないように守ること

☐ **What should we do to protect our environment?**
環境を保護するために、何をすべきだろうか。

☐ **He wears sunglasses to protect his eyes from the sun.**
彼は太陽から目を守るために、サングラスをかけている。

guard
[gá:rd]

語源 見る

動 ～を守る、～を見張る
名 守衛、ガードマン

現実の危険や、将来起こり得る危険や攻撃に対して、細心の注意を払って守ること

☐ **This dog guards our house when we are away.**
このイヌは留守中の家を守ってくれる。

☐ **Many soldiers are on guard all night.**
多くの兵士が一晩中監視していた。

defend

[dɪfénd]

語源 de(離れて)+
fend(つつく)
→つついて引き離す

動 ～を守る、～を擁護する
名 defense　防御、弁護
形 defensive　防御の、守備の

敵の攻撃や危害など、直前の危険から力ずくで守ること、権利を守ること

☐ **Troops were sent to defend the borders.**
国境を守るために軍隊が派遣された。

☐ **Offense is the best defense.**
攻撃は最大の防御である。

shield

[ʃíːld]

語源 板

動 ～を守る、～を保護する
名 盾、防御物

害を及ぼそうとするものと守られるべきものとの間に、何かを置いて守ること

☐ **How do you shield your eyes from the sun?**
あなたは、どのようにして太陽から目を守っていますか。

☐ **The hostage was used as a human shield.**
人質が人間の盾として使われた。

69 回るにはどれを使う？

語源 引き伸ばす

動 (軸を中心に急速に)回転させる、ぐるぐる回る、紡ぐ
活用 spin-spun-spun

小さな円を描く運動を継続すること、ぐるぐる回ること

☐ **A top is spinning on the table.**
駒がテーブルの上でぐるぐる回っている。

☐ **Let's spin a coin.**
コインを指で弾いて順番を決めよう。

語源 転がる、巻物

動 転がる、～を転がす

回る物体の表面が常にある面に接しながら、ぐるぐる回ること

☐ **Roll the dough as thinly as possible.**
パン生地をできるだけ薄く延ばします。

☐ **The ball rolled under the table.**
ボールはテーブルの下に転がっていった。

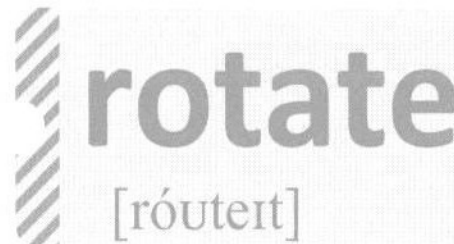

rotate
[róuteɪt]

語源 rot（転がる、巻物）

動 回転する、交替する
名 rotation　回転、一回り

自軸を中心に回ること

☐ **The Earth rotates around its axis.**
地球は自転している。

☐ **About 90% of the farmers adopt crop rotation.**
約90%の農業経営者は輪作を採用している。

revolve
[rivɑ́:lv]

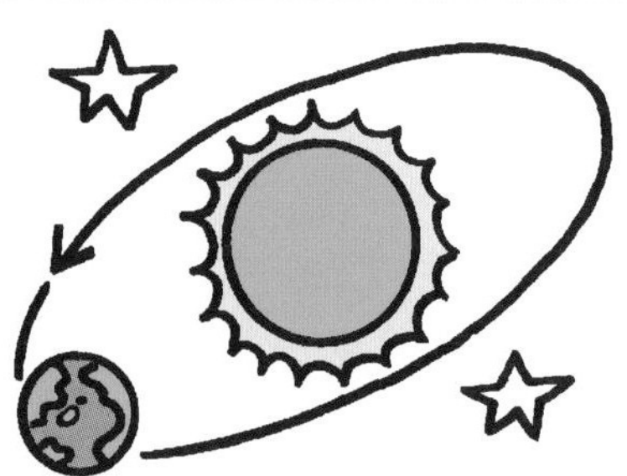

語源 re（再び）＋ volve（転がる）

動 回転する、～を回転させる
名 revolution　革命、回転
形 revolutionary　革命的な

ある物体の周りを回ること

☐ **The Earth revolves around the sun.**
地球は太陽の周りを回転している。

☐ **The French Revolution took place in 1789.**
フランス革命は1789年に起こった。

70 見つける、明らかにするにはどれを使う？❶

語源 偶然見つける

動 ～を見つける
活用 find-found-found

人の居場所や物のありかを偶然または意図的に見つけること

- □ I **found** a 1,000-yen bill on the street.
  通りで千円札を見つけた。
- □ How did you **find** out?
  どうしてわかったのですか。

語源 de（でない）+ tect（覆う）→覆いを取る

動 ～を見つける、～を見抜く
名 detective　探偵、刑事

解明されていなかったことを、極めて正確な観察や推論的な調査によって見つけること

- □ This kind of cancer can be cured if **detected** early.
  この種のがんは早期発見すれば治せる。
- □ I like reading **detective** stories.
  私は探偵小説を読むのが好きです。

語源 dis（でない）＋
cover（覆う）

動 ～を発見する、～に気づく
名 discovery　発見

今まで誰にもその存在を知られていなかったものを見つけること

☐ **The island was discovered in the 18th century.**
その島は18世紀に発見された。

☐ **The experiment led to the discovery of electrons.**
その実験は電子の発見につながった。

語源 in（上に）＋
vent（来る）
☞venire＝来る

動 ～を発明する、～をでっち上げる
名 invention　発明

今まで存在しなかったものを、新しく作ったり見つけたりすること

☐ **Who invented the light bulb?**
電球を発明したのは誰ですか。

☐ **Necessity is the mother of invention.**
必要は発明の母である。

70 見つける、明らかにするにはどれを使う？❷

語源 re（元に）＋
veal=veil（ベール）

動 ～を明らかにする、～を暴露する、～を示す
名 revelation　新事実、新発見

「ベールをはがす」が原義。知られていなかった物事を明らかにすること。意外性があるというニュアンスがある

☐ **He revealed his secret to us.**
彼は私たちに秘密を暴露した。

☐ **That's a revelation to me.**
それは私には新発見です。

語源 dis（ない）＋close（閉じる）
☞claudere＝閉じる

動 ～を明らかにする、～を暴露する
名 disclosure　暴露、公開

「閉じていない状態にする」が原義。隠れていた物事を見えるようにすることで、世間に知らしめるというニュアンスがある。revealよりも改まった場面で使われる

☐ **The police disclosed the identity of the suspect.**
警察は容疑者の身元を明らかにした。

☐ **They demanded the disclosure of information.**
彼らは情報の公開を要求した。

expose

[ɪkspóuz]

語源 ex（外に）＋pose（置く）
☞ponere＝置く

動 ～をさらす、～をあらわにする
名 exposure　暴露、さらすこと

「外に置いて見えるようにする」が原義。隠されていた物事や犯罪・不正などを明らかにすること

☐ **He tried not to expose his feelings.**
彼は感情をあらわにしないようにした。

☐ **You shouldn't expose your skin to the sun for long.**
長い間、肌を太陽にさらさないほうがいいでしょう。

uncover

[ʌnkʌ́vər]

語源 un（ない）＋cover（覆う）

動 ～を暴露する、～を発見する、～のふたを取る

「覆いを取る」が原義。隠されていた物事や秘密を明らかにすること

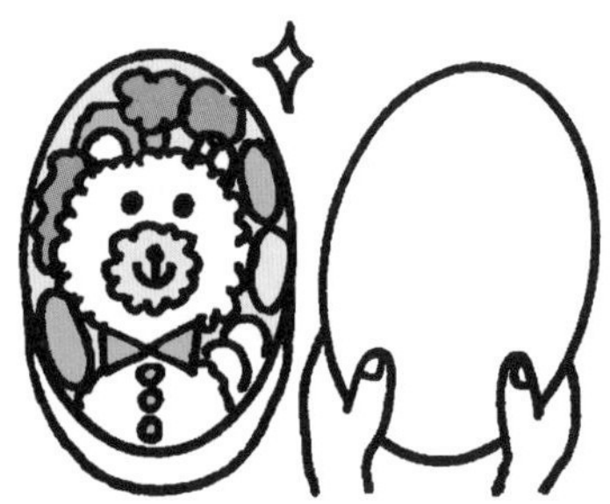

☐ **The plot was uncovered by the FBI.**
その陰謀はFBIによって暴露された。

☐ **The police uncovered the drugs.**
警察は麻薬を発見した。

やめるにはどれを使う？

語源 くっつく

動 ～をやめる、(～を)去る、～を残す

活用 leave-left-left

本来は、何かにくっついている状態を表し、くっついている状態から、その場に残す、その場を去る意味に転じ、学校や会社をやめることを表す。やめる理由はさまざまである

□ **Why did you leave the company?**
どうして会社をやめたのですか。

□ **She left a big fortune to her son.**
彼女は息子に一財産を残した。

語源 自由な、休む

動 ～をやめる、(職)を離れる、退学(辞職)する

活用 quit-quit-quit

後先のことをあまり考えずに、自分の都合で学校や職場をやめること。軽い気持ちでやめてしまうニュアンスがある

□ **If you don't like this job, why don't you quit?**
この仕事が嫌ならやめたら？

□ **At last he quit smoking.**
とうとう彼はタバコをやめた。

resign
[rɪzáɪn]

語源 re(反対に)+sign(印す)
☞signare=印す

動 (～を)辞職する、(～を)辞任する
名 resignation　辞任、辞表

問題を起こすなどして、また健康上の理由などにより、自ら決意して正式な文書を提出してやめること

☐ **He resigned his post as chairman.**
彼は会長としての職を辞した。

☐ **The politician submitted his resignation to his party.**
その政治家は党に辞職届を提出した。

retire
[rɪtáɪər]

語源 re(後ろに)+tire(引く)

動 退職する、引退する、退く
名 retirement　引退、退職

特定の年齢に達して仕事をやめること、病気などの理由でやめること

☐ **I plan to retire at 55.**
私は55歳で退職するつもりです。

☐ **The retirement age in this company is 62.**
この会社の定年は62歳です。

72 予想するにはどれを使う？

predict

[prɪdíkt]

語源 pre（前もって）＋dict（言う）

動 ～を予測する、～を予言する
名 prediction　予言、予測

単なる予測から統計に基づいた予測まで、近い将来に起こることを予言すること

- □ **There's no predicting when the next big earthquake will happen.**　次の大地震がいつ来るか誰にも予測できない。
- □ **Her predictions turned out to be true.**
  彼女の予言は本当だった。

anticipate

[æntísəpèɪt]

語源 anti（前に）＋cip（つかむ）
☞kap＝つかむ

動 ～を予想する、～を見越す、～を期待する
名 anticipation　予想、期待

何かが起こることを予測すること。備えることを暗示する

- □ **We anticipate a lot of people coming to tonight's party.**
  私たちは、今晩のパーティーにたくさんの人が来ると期待している。
- □ **She was full of anticipation.**
  彼女は期待に胸を膨らませていた。

forecast

[fɔ́ːrkæ̀st]

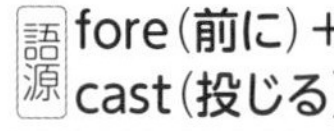

語源 fore（前に）＋cast（投じる）

動 ～を予報する
名 予報

専門的な知識を持った人が、天気や政治・経済の先行きを予想すること

☐ **Heavy snow has been forecast for tomorrow.**
明日の豪雪予報が出された。

☐ **The weather forecast says it's going to rain this afternoon.** 天気予報では今日の午後は雨でしょう。

expect

[ɪkspékt]

語源 ex（外を）＋spect（見る）
☞spek＝見る、観察する

動 ～を予期する、～を期待する
名 expectation　予想、期待

十分な理由や根拠に基づいて予測することで、良い意味にも悪い意味にも使われる。She's expecting. は「彼女はおめでたです」の意味になる

☐ **It is expected to be sunny tomorrow.**
明日は晴れるだろう。

☐ **It was much colder than expected.**
予想よりもはるかに寒かった。

73 読むにはどれを使う？

read
[ríːd]

語源 相談する、助言する

動 (～を) 読む、本を読む
活用 read - read [réd] - read [réd]

「読む」という意味の最も一般的な語で、声に出しても出さなくてもよい

☐ **He read the poem aloud.**
彼はその詩を音読した。

☐ **My pastime is reading novels.**
私の趣味は小説を読むことです。

leaf
[líːf]

語源 葉

動 ざっと目を通す、～をさっとめくる
名 葉、(本の) 1 枚

「葉」のleafには、本の紙「1枚」の意味があることに由来

☐ **She was leafing through a magazine.**
彼女は雑誌のページをめくっていた。

☐ **He hid the note between the leaves of a book.**
彼は本のページの間にメモを隠した。

browse
[bráuz]

語源 芽を出す

動 (〜を)拾い読みする、立ち読みをする、商品を見て回る

書店や図書館などで、拾い読みをしながらあれこれ見て回ること

□ **I'll kill time by browsing in a nearby bookshop.**
近所の書店で立ち読みして、暇をつぶします。

□ **She is browsing through a fashion magazine.**
彼女はファッション雑誌を拾い読みしている。

skim
[skím]

語源 垢をすくい取る
☞(s)keu＝覆う、隠す

動 (〜を)拾い読みをする、(〜を)ざっと読む

要旨をつかんだり、ある特定の項目を探したりする目的で、ざっと目を通すこと

□ **I always skim the political section of the newspaper.**
私はいつも新聞の政治面にざっと目を通します。

□ **She skimmed through the catalog.**
彼女はカタログにざっと目を通した。

74 分けるにはどれを使う？

separate

[sépərèɪt]

語源 se（離れて）＋ pare（準備する）

動 （～を）分離する、（～を）分ける

形 [sépərət]　分離した、分かれた

副 separately　別々に、分けて

夫婦や卵の白身と黄身のように、もともとは一体であった人や物を分けること

□ **The couple separated a year ago.**
そのカップルは1年前に別れた。

□ **Could you please wrap these separately?**
これらを別々に包装していただけますか。

split

[splít]

語源 裂く

動 分裂させる、～を裂く、裂ける、～を割る、割れる、～を分け合う

活用 split-split-split

ある線や基準に沿って分けること

□ **Let's split the bill.**
割り勘にしよう。

□ **The party split into two factions.**
その党は2派に分裂した。

divide
[dɪváɪd]

語源 di(離れて)＋
vide(分ける)

動 ～を分ける
名 division　分割、部門

分配などの目的で、一定の基準や寸法などに従って注意深く分けること

☐ **She divided the cake into four equal parts.**
彼女はケーキを4等分した。

☐ **Which division of the company do you work in?**
会社のどの部門で働いていますか。

share
[ʃéər]

語源 切る
☞sker＝切る

動 ～を分け合う、～を分ける、～を一緒に使う
名 分け前、割り当て、役割

二つ(2人)以上の間で均等に分けること。与えられた人に焦点がある

☐ **I share the room with my brother.**
私は弟と部屋を共有している。

☐ **We walked, sharing an umbrella in the rain.**
私たちは雨の中を相合傘で歩いた。

75 望む、欲するにはどれを使う？

語源 欠けていること
wa/va＝なくなる、捨てる
☞離れる、捨てる

動 ～がほしい、～したいと思う、～を必要とする

水分が不足している状態の動物や植物が、生き延びるために水分を求める気持ち

☐ **The plant wants watering.**
その植物は水を必要としている。

☐ **I want to drink beer.**
ビールが飲みたい。

語源 信じる

動 ～を願う、～を望む
名 希望、見込み

実現できるという十分な根拠はないが、なんとしても実現させたいという願望や希望

☐ **I hope she will come to the party.**
彼女がパーティーに来てくれることを願っている。

☐ **They are hoping for peace.**
彼らは平和を願っている。

wish
[wíʃ]

語源 望む

動 ～を祈る、～を望む
名 願望、願い事

仮定法の文の場合は、実現が不可能であるとわかっていても、できたらいいなという控えめな願望を表す

- □ **I wish I were rich.**
  お金持ちになれたらなあ。
- □ **I wish you a Happy New Year.**
  よいお年をお迎えください。

desire
[dɪzáɪər]

語源 de（離れて）＋sire（星）

動 ～を強く望む、～を願う
名 強い願望

「自分の幸運の星が出てくることを離れた所から望む」が原義。改まった場面で「切に望む」こと

- □ **She had no desire to return home.**
  彼女には、家に帰りたい気持ちがなかった。
- □ **He expressed a desire to end the war.**
  彼は戦争を終わらせたいという願望を表した。

76 含む、入っているにはどれを使う？

語源 in（中に）＋
clude（閉じる）
☞claudere＝閉じる

動 〜を含む
前 including　〜を含めて、〜込みで

全体を構成する一部として「含む」こと。または追加要素の一つとして含んでいること

☐ **The price of the hotel includes breakfast.**
ホテルの料金には朝食が含まれています。

☐ **There are five people including me.**
私を含めて5人です。

語源 con（共に）＋
tain（保つ）
☞ten＝伸ばす

動 〜を含む
名 container　入れ物、容器、コンテナ

容器・場所・物質の内容・中身の全部または一部として含むこと。ある物の中に入っていること

☐ **This drink contains a lot of vitamin C.**
この飲み物には、ビタミンCがたくさん含まれている。

☐ **She lost her bag containing her passport and her purse.**
彼女はパスポートと財布が入ったバッグをなくした。

involve

[invά:lv]

語源 in(中に)＋volve(転がる)

動 ～を必ず含む、～を伴う、巻き込む

「中に巻き込む」が原義。主語には、直接手で触れられないものがくる。目的語には、必ず主語に含まれるものがくる

☐ **This job involves a lot of travel.**
この仕事にはたくさんの出張が伴う。

☐ **He was involved in the trouble.**
彼はもめごとに巻き込まれた。

comprise

[kəmpráɪz]

語源 com(完全に)＋prise(つかむ)

動 ～を含む、～からなる

「全部つかむ」が原義。A comprises B では、Aを構成するものがBとなる。A composes B では、Bを構成するものがAとなる。

☐ **A basketball team comprises five players.**
バスケットボールチームは5人の選手で構成される。

☐ **Five players compose a basketball team.**
=A basketball team is composed of five players.
5人の選手がバスケットボールのチームを構成する。

77 立ち向かう、対抗するにはどれを使う？

resist

[rɪzíst]

語源 re（反して）+sist（立つ）
☞sta＝立つ、ある

動 （～に）抵抗する、（～に）反抗する、（～に）我慢する
名 resistance　抵抗、反抗

「相手に対して立ち向かう」が原義。語源的にはwithstandと同義。日常会話では否定文で好きなもの（事）を我慢できないという意味で使うことが多い

☐ **I just can't resist ice cream.**
私はアイスクリームに目がない。

☐ **There was no resistance from the enemy.**
敵からの抵抗は全くなかった。

oppose

[əpóuz]

語源 o(p)（向かって）+pose（置く）
☞ponere＝置く

動 ～と競う、～に対抗する、～に反対する
形 opposite　反対側の
名 opposition　反対、抵抗

「相手に向かって置く」が原義。相手の意見・考え・提案などに反対すること。対象が人の場合は選挙や競争で競うこととなる

☐ **She was opposed by another candidate in the election.**
彼女は選挙で、もう一人の候補者と競っていた。

☐ **It's on the opposite side of the street.**
それは通りの反対側にあります。

combat

[kəmbǽt]

語源 com(共に)+bat(たたく)
☞batre=たたく、打つ

動 〜と戦う、〜に立ち向かう
名 [kɑ́ːmbæt]　戦争、競争
名 combatant　戦闘員

「たたき合う」が原義。「戦争」の意味ではbattleよりも小規模な武力衝突。対象が病気や弊害などの場合は、「闘う」という意味になる

□ **The government increased interest rates to combat inflation.** 政府はインフレ対策として金利を上げた。

□ **My grandfather died in combat.**
私の祖父は戦死した。

confront

[kənfrʌ́nt]

語源 con(共に)+
front(額)

動 〜に立ちはだかる、〜に直面する、〜に立ち向かう
名 confrontation　対決、直面、衝突

「顔を突き合わせる」が原義。敵と向かい合って「対決する」こと。対象が困難や問題の場合は「立ち向かう」の意味になる

□ **They were confronted with a difficult problem.**
彼らは難しい問題に直面していた。

□ **There was confrontation between the two groups.**
2つのグループには対立があった。

78 終わらせるにはどれを使う？

complete

[kəmplíːt]

語源 com（完全に）＋plete（満たす）
☞pele＝満たす

動 ～を完成させる、～を終わらせる
形 完全な、全部の
副 completely　完全に、すっかり

「完全に満たす」が原義。意味はfinishと同義だが、終了させるまでに長い時間がかかったことを示唆する

□ **The bridge was completed in five years' time.**
その橋は5年の歳月を経て完成した。

□ **Your opinion is completely different from mine.**
あなたの意見は私とは全く違います。

finalize

[fáɪnəlàɪz]

語源 final（終わりの）

動 ～を終わらせる、～を決着させる
形 final　最後の
副 finally　最後に、とうとう

計画や取り決めなどに関して最終的な決定を下し、終了させること

□ **We finalized the reconstruction plans.**
私たちは再建計画を最終決定した。

□ **She finally reached the summit.**
彼女はとうとう頂上に到達した。

terminate

[tə́ːrmənèɪt]

語源 term(境界)→限界をはっきり定める

動 ～を終わらせる、終わる
形 terminal　末期の
名 終点、ターミナル

契約や協定などを終わらせる。列車やバスなどが終点に着く

☐ **Our contract will terminate tomorrow.**
私たちの契約は明日終了する。

☐ **Our train has stopped at the terminal.**
私たちの列車はターミナルで止まった。

conclude

[kənklúːd]

語源 con(完全に)＋clude(閉じる)
☞claudere＝閉じる

動 結論を下す、～を終わらせる、終わる
名 conclusion　結論、結末

「全部閉め切る」が原義。最後の一言や行動で物事を終わらせること、文・話・会などが終わること

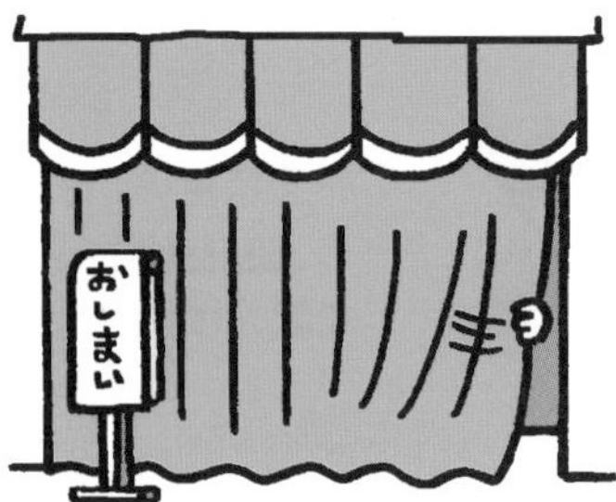

☐ **The class reunion concluded with our school song.**
クラス会は校歌で終わった。

☐ **Don't jump to conclusions.**
結論を急ぐな。

79 割り当てる、配るにはどれを使う？

語源 as（～のほうへ）＋sign（印す）
☞signare＝印す

動 ～を任命する、～を割り当てる、～に就かせる
名 assignment　割り当てられたもの、課題

人を選ぶことではなく、ある職務に就かせること

☐ **He was assigned to a branch office in Tokyo.**
彼は東京の支店に配属された。

☐ **My teacher always gives us a lot of assignments.**
先生はいつも宿題をたくさん出す。

語源 a(l)（～のほうへ）＋lot（くじ、分け前）

動 ～を割り当てる、～を配分する
名 allotment　割り当て、配分

ある特定の目的のために、時間・仕事・お金などを配分し、割り当てをすること

☐ **Every participant was allotted 10 minutes for presentation.**
参加者全員にプレゼンの持ち時間として10分ずつ配分された。

☐ **You are running over the allotted time.**
割り当ての時間をオーバーしています。

distribute

[dɪstríbjuːt]

語源 dis（離れて）＋tribute（与える）

動 ～を分配する、～を散布する

名 distribution　配分、流通、分布、販売

たくさんの人たちに分配すること、ある特定の人々に食べ物や衣料品などを計画的に配ること、店や企業などに商品を供給すること

☐ **Food and clothing were distributed among the refugees.**
被災者に食料と衣料品が分配された。

☐ **This map shows the distribution of cranes in the world.**
この地図は世界にいるツルの分布を示している。

allocate

[ǽləkèɪt]

語源 a(l)（～のほうへ）＋locus（場所）

動 ～を割り当てる、～を割り振る

名 allocation　割当量、分配

決定された後に、特定の人々に与えること。特別な目的のために取っておくこと。改まった場面で使われる語

☐ **The funds were allocated to the housing project.**
その資金は住宅計画に充てられた。

☐ **They have spent their entire allocation for the year.**
彼らは今年の割り当て金は全部使ってしまった。

30 送るにはどれを使う？❶

send
[sénd]

語源 行かせる、通らせる

動 ～を送る、～を行かせる
活用 send-sent-sent

内容や方法を問わず、ある場所から別の場所に送ること

□ **I sent a letter to her today.**
今日、彼女に手紙を送った。

□ **I sent her home by taxi.**
私は彼女をタクシーで家に帰した。

drive
[dráɪv]

語源 駆り立てる、押す

動 (車を)運転する、～を車で送る
活用 drive-drove-driven
名 ドライブ

車で送ること

□ **I'll drive you home.**
家まで車で送ります。

□ **Do you drive?**
車の運転はしますか。

deliver
[dɪlívər]

語源 de(離れて)+
liver(自由な)

動 ～を配達する
名 delivery　配達

住所など送り先がはっきりしている場所に手紙・荷物・商品を送ること

☐ **Could you deliver this to the hotel I'm staying at?**
今泊まっているホテルに配達していただけますか。

☐ **This restaurant offers free delivery.**
このレストランは、無料で出前をしてくれる。

ship
[ʃíp]

語源 木をくり抜く→船

動 ～を送る、～を発送する
名 shipping　船舶、運送(業)

空路・海路・陸路で貨物や商品を送ること

☐ **Have you already shipped it?**
もう、それを発送しましたか。

☐ **She works for a shipping company.**
彼女は運送会社に勤めている。

30 送るにはどれを使う？②

語源 for（前に）＋ ward（曲がる）

動 ～を転送する
副 前へ
形 前方の、将来の

自分が受け取ったEメールや郵便物を、他の人に送ること。例文の look forward to～は「前方を見る」イメージから「楽しみにする」の意味になる

☐ **Will you forward her email?**
彼女のメールを転送してくれますか。

☐ **I'm looking forward to seeing you again.**
またお会いできるのを楽しみにしています。

語源 trans（越えて）＋ mit（送る）
☞mittere＝投げる

動 ～を送信する、～を伝える、～を移す

電波通信などの手段を用いて、文書やメッセージなどの情報を送ること。現物ではなく、同じ内容のものを送ることや、伝染するという意味でも使われる

☐ **Please transmit this message immediately.**
すぐに、このメッセージを送信してください。

☐ **Malaria is transmitted to humans by mosquitoes.**
マラリアは蚊によって人に伝染する。

さくいん

D

T

U

語源のさくいん

語　源	英単語
ak＝鋭い、尖った	edge
	eager
	ache
ar＝つなぎ合わせる	army
	disorder
	ordinary
au＝感じる	audience
	disobey
	obey
batre ＝たたく、打つ	battle
	debate
	beat
	combat
bha＝話す	fate
	profession
	famous
bher＝運ぶ	conference
	fortune
	bring
	bear
	prefer
claudere＝閉じる	close
	exclude
	disclose
	include
	conclude
curare＝注意する	accurate
	sure
	secure

語　源	英単語
facere＝する、作る	effect
	benefit
	office
	feature
	difficult
	facile
	sufficient
	infectious
	satisfied
	manufacture
forma＝形	reform
	transform
	conform
ghabh ＝与える、授かる	habit
	ability
	gift
it ＝行く	visitor
	issue
	initiate
kad＝落ちる	accident
	incident
	occasionally
kap＝つかむ	occupation
	capacity
	accept
	receive
	chase
	have
	catch
	capture
	anticipate
ker＝成長する	creation
	recreation
	create
	decrease

語　源	英単語
kers＝走る	excursion
	occurrence
	course
	charge
	carry
klei＝傾く	client
	lean
	decline
leg＝集める、選ぶ	colleague
	intellectual
	intelligent
	collect
	select
	elect
	dialogue
man＝手	manner
	manufacture
	maintain
medhyo＝中間	middle
	means
	immediately
men＝突き出る	imminent
	prominent
	eminent
	mount
mittere＝置く、投げる	messy
	permit
	submit
	promise
movere＝動く	emotion
	motive
	move
	remove
pa=エサを与える	company
	companion
	food
	foster

語　源	英単語
part＝分ける、一部	apartment
	depart
	particular
pel＝重ねる、折る	appliance
	complicated
	simple
pele＝平らな、広げる	place
	flat
	plain
	explain
pele＝満たす	comply
	supply
	accomplish
	fulfill
	complete
pendere＝つるす	expense
	impending
	expensive
	inexpensive
per＝先に、導く	fear
	peril
	property
	depression
	fare
	press
	pressing
	transfer
	export
	import
	transport
ponere＝置く	purpose
	dispose
	expose
	oppose

語　源	英単語
reg ＝まっすぐに、導く	rule
	dress
	correct
	regular
	direct
	erect
rumpere ＝崩れる、壊れる	route
	abruptly
	interrupt
sed＝座る	residence
	situation
	set
	settle
sekw＝続く	consequence
	suitable
	see
	pursue
servare ＝守る、保つ	reservation
	observe
	reserve
	preserve
	conserve
signare＝印す	designate
	resign
	assign
sker＝切る	shore
	shortage
	sharp
	share
(s)keu＝覆う、隠す	obscure
	skim
	hide
	house

語　源	英単語
spek ＝見る、観察する	spectator
	special
	conspicuous
	despise
	disrespect
	inspect
	respect
	expect
sta＝立つ、ある	estate
	obstacle
	store
	rest
	circumstance
	destiny
	cost
	obstinate
	outstanding
	costly
	instantly
	stand
	insist
	assist
	establish
	arrest
	restore
	resist
	state
steig＝刺す	instinct
	stimulus
	extinguish
ster＝かたい	stare
	startle
	start
stere ＝広げる、積み重ねる	instrument
	street
	instruct
	destroy
	construct

語　源	英単語
tag＝触れる	task
	contagious
	tasty
ten＝伸ばす	content
	thin
	obtain
	attain
	extend
	maintain
	contain
trahere＝引く	trait
	training
	treat
	track/trail
	extract
venire＝来る	convention
	event
	prevent
	invent
	avenue
vocare＝呼ぶ	avocation
	equivocal
	vocation
wa/va ＝なくなる、捨てる	vacation
	vacant
	want
	vast
wegh ＝乗り物で、移動する	voyage
	way
	obvious
weid＝見る、見える	wise
	guide
	disguise
	provide
	visitor
	view
	evident

英語のニュアンス大全

著　者――清水建二（しみず・けんじ）

イラスト――カワチ・レン（かわち・れん）

発行者――押鐘太陽

発行所――株式会社三笠書房

〒102-0072 東京都千代田区飯田橋3-3-1
電話：(03)5226-5734（営業部）
：(03)5226-5731（編集部）
https://www.mikasashobo.co.jp

印　刷――誠宏印刷

製　本――若林製本工場

編集責任者　清水篤史

ISBN978-4-8379-2939-0 C2082